Plätzchen Backbuch

Kekse backen mit den 150 leckersten und kreativsten Rezepten!

Cookies, Biscuits, Weihnachtskekse, Shortbread und vieles mehr! Köstliche Süßigkeiten für jeden Anlass und Jahreszeit

2. Auflage

ISBN: 9781672169547

Inhaltsverzeichnis

Die Freude beim Backen

Leckere Kekse und köstliche Plätzchen versüßen den Alltag und zaubern jedem ein Lächeln ins Gesicht. Handgemacht und selbst gebacken schmecken sie als kleine Aufmunterer, als Snacks, Kaffee- und Teegebäck immer noch am allerbesten. Ihr Duft verbreitet sich beim Backen durchs ganze Haus und weckt angenehme Erinnerungen. Kunstvolles Feingebäck oder üppig von Kindern verzierte Butterplätzchen verraten, mit welcher liebevollen Hingabe die kleinen und großen Bäcker am Werk waren. Auch als Geschenk sind aufwendig verpackte, süße, selbst gemachte Naschwerke etwas Besonderes, sowohl für die Keksbäcker als auch für die Beschenkten. Das Backen ist eben nicht nur eine Bäckertradition, sondern auch eine Familientradition und mit Kindern zusammen ein einmaliges Erlebnis, besonders im Advent. Mit dem richtigen Rezept lassen sich selbst Lebkuchen und Printen, Spekulatius, Russisch Brot und Cantuccini spielend leicht herstellen. In unserem Buch finden Sie eine umfassende und reichhaltige Sammlung der 150 schönsten Keks- und Plätzchenrezepte für unzählige Anlässe im ganzen Jahr und für die Festtage. Egal welche Geschmacksrichtung Sie am meisten anspricht, hier werden Sie fündig!

Zunächst stellen wir Ihnen Kekse und Plätzchen vor, die Kinder gern backen – und essen. Wir präsentieren zum Beispiel ein einfaches Rezept ohne Ei (hier ist Teignaschen erlaubt!), Igel-Kekse, Glückskekse, Schneekugeln und Keks-Lollis, die auch an Kindergeburtstagen sehr beliebt sind. Außerdem haben wir viele Plätzchen-Klassiker festgehalten, darunter einige unkomplizierte Familienrezepte wie Vanillekipferl, gelbe Butterplätzchen und Zimtsterne, aber auch Pfeffernüsse, Schmalzgebäck, Linzer Schnitten und Königsberger Plätzchen, an die Sie sich bisher vielleicht noch nicht herangewagt haben. Außerdem empfehlen wir Ihnen „Neue Kreationen" mit Zutaten wie Chili, Espresso, Matcha und Mango. Guten Appetit!

Nordamerikanische Cookies und Britisches bzw. Schottisches Shortbread sind bei uns mittlerweile besonders beliebt, sie sind leicht zu backen und gelingen immer. Auch hier empfehlen wir Ihnen köstliche und vielfältige Variationen.

Einen weiteren Schwerpunkt haben wir auf europäische Traditionen und mediterranes Backwerk gelegt. Freuen Sie sich auf eine kulinarische Reise nach

Skandinavien, Russland, nach Frankreich und Italien, wo Amaretti, Mandorlini und Pasticcini geliebt werden.

Sie suchen einen kunstvollen Keks zum Verschenken oder sogar mit dem Logo Ihrer Firma? Mit Fondants und Stempel ist alles möglich. Auch hier geben wir Ihnen Tipps und das passende Rezept mit auf den Weg.

Neues Ernährungsbewusstsein greifen wir außerdem auf. Ein Keks muss nicht immer nur süß sein, der Zucker nicht immer hoch verarbeitet. Statt Ei können alternative Teigbindungen verwendet werden. Und daher schließen wir das Buch mit einer Reihe zuckerarmer Backrezepte und veganer Plätzchen.

Wir wünschen Ihnen nun viel Freude beim Backen, Verschenken und Verzehren der Köstlichkeiten!

Zunächst kommt noch ein Ausflug in die Geschichte der Plätzchenbäckerei, es folgen Informationen zu den Teig-Inhaltsstoffen und viele Tipps und Tricks fürs Backen. Viel Vergnügen.

Plätzchen oder Kekse?

Kekse kommen aus der englischen Tradition zu uns, Plätzchen wurden früher vor allem zu Festtagen wie Weihnachten aus Zutaten wie Mandeln, Kokos, Nüssen und Schokolade genossen. Die kleinen Kuchen wurden reich verziert und kennzeichneten den sozialen Status und waren ein Privileg der Oberschicht. Das Wort „Keks" entstand aus dem englischen Plural „Cakes" und beschreibt ursprünglich den nahrhaften und gut konservierbaren Schiffszwieback britischer Schiffe. Seine Haltbarkeit erhielt er durch die Zusammensetzung: Er war sehr trocken und fetthaltig. Erst im 19. Jahrhundert bot ein deutscher Kaufmann nach diesem Vorbild den ersten Keks zum Verkauf an. Als grobe Unterscheidung kann man heute also immer noch auf die Inhaltsstoffe blicken: Der Keks ist aufgrund seiner Zutaten nährstoffreicher und lang haltbar. Das Plätzchen ist dagegen eher eine kunstvolle Feinbäckerei, mitunter reich an Gewürzen und ausgefallenen Zutaten. Im alltäglichen Sprachgebrauch werden die Begriffe jedoch häufig synonym verwendet, was keineswegs zu Missverständnissen führt.

Kekse und Plätzchen gelten als Snack für zwischendurch oder zum Kaffee, sie sind eine Versüßung des Alltags und ein Brauchtum bestimmter Festtage. Sie herzustellen erfordert eine gewisse Zeit und Aufmerksamkeit. Kekse- und Plätzchenbacken dient oft nicht allein nur dem Verzehr, sondern stellt an sich schon ein gewisses Ritual und sogar eine Familientradition dar. Rezepte werden oft von Bekannten und Verwandten weitergegeben und von Generation zu Generation vererbt, egal, ob es sich nun um das Rezept für den einfachen Butterkeks oder die aufwendigen Printen handelt.

In Deutschland haben gesellschaftliche Anlässe wie Tee- und Kaffeekränzchen bei der Verfeinerung der Rezepte und der Verbreitung von Plätzchen im 19. Jahrhundert ihren Anteil. Dabei nimmt die Backtradition für festliches Gebäck den größten Raum ein. Die Weihnachtsbäckerei war eigentlich immer eine Adventsbäckerei, in der unter anderem gewürzhaltige Plätzchen, Lebkuchen und Brote hergestellt wurden. Aus ihr gehen viele reichhaltige und regional unterschiedliche Rezepte, teilweise auch mit geschützten Bezeichnungen wie „Aachener Printen" und „Nürnberger Lebkuchen", hervor. Schon allein wegen der langen Backtradition und der regionalen Vorlieben existieren unerschöpflich viele Rezepte für Plätzchen und Kekse und wir zeigen Ihnen hier die schönsten Kreationen.

Grundsätzliches zu den Inhaltsstoffen

Tradition ist beim Backen genauso wichtig wie das Ausprobieren neuer Kreationen. Die Zutaten Fett, Zucker, Ei und Mehl sind die Basis für unzählige Varianten. Nüsse, Mandeln und Kokosflocken, Schokolade und getrocknete oder kandierte Früchte ergeben eine weitere Variation. Der Saft und die Schale von Zitrusfrüchten verfeinern das Aroma. Nicht wegzudenken sind Vanille, entweder aus der Vanilleschote oder als Vanillezucker, und Gewürze wie Zimt, Anis, Nelken, Kardamom und Muskat. Sie verleihen vielen Rezepten den unverkennbaren Geschmack.

Jede der Grundzutaten ist ersetzbar und ermöglicht eine weitere Back- und Geschmacksvariante. Das Fett war traditionell meist tierischen Ursprungs wie Schweineschmalz, Butter oder – wie es in Großmutters Backbuch oft noch steht – Pflanzenöl-Margarine. Diese ist übrigens 1:1 mit Butter austauschbar. Wer an ganz gesunde Fette beim Backen denkt, der kann auch Öl, besonders und nur bis 180 Grad verwendbar Back-Olivenöl, benutzen. Die Süße kann durch Zucker, Sirup, Honig oder Früchte in den Teig kommen. Honig gehört in die traditionelle Weihnachtsbäckerei, Sirup wird in der nordamerikanischen Cookie-Bäckerei verwendet. Es lässt sich aber auch mit Zuckeraustaustoffen wie Erythrit süßen. Wenn von Mehl die Rede ist, dann geht man in Rezepten, wenn nicht anders bezeichnet, meist vom Weizenmehl Typ 405 aus. Besonders schmackhaft sind aber auch Dinkelmehl und Weizenvollkornmehl, die dem Keks eine gröbere Textur verleihen. Und wie wächst der Keks im Backofen? Manche Kekse wie Butterkekse und Shortbread sollen nicht aufgehen. Sie erhalten kein Backtriebmittel. Ansonsten wird das Backpulver anteilig zur Mehlmenge nach dem Verhältnis 1:30 dosiert. Für die Bindung im Keks ist zum einen das Gluten des Mehls zuständig, zum anderen feuchte Inhaltsstoffe wie Wasser und Quark, aber allen voran natürlich das Ei. Eine weitere Zutat beim Backen ist das Salz, das den Mehl-Kleber Gluten unterstützt. Es steuert aber auch schon in geringen Mengen geschmacklich eine kleine Note bei.
Ein weiteres Bindemittel im Teig ist das Ei. Es kann durch verschiedene Bindemittel wie Guarkernmehl, Johannisbrotkernmehl oder auch Apfelmus und Banane ersetzt werden.

Wenn die Kekse und Plätzchen aus dem Ofen kommen, verfeinert ein Zucker-Zitronen-Guss oder eine Kuvertüre aus Schokolade den Geschmack und das Aussehen. Zur Krönung werden außerdem fertige und selbst gemachte Fondants, Zuckerperlen, Zuckerrosen, Mandeln, Nüsse, Streusel und Flocken verwendet, je nach Geschmack und Anlass. Vom Butterkeks bis zum Hochzeitsplätzchen – letztlich erfüllt jedes Gebäck seinen Zweck.

Tipps und Tricks für den Grundteig

Für einen Mürbeteig nimmt man oft kalte Butter, das bedeutet mehr Festigkeit im Teig. Die Zutaten werden mit dem Knethaken des Mixers miteinander verbunden, danach nur noch einmal kurz mit der Hand glatt kneten. Der Mürbeteig sollte lieber nicht zu lange geknetet werden, weil er dann wieder seine Konsistenz verändert. Damit das Fett nach dem Kneten wieder fester wird und das Gluten im Mehl als Kleber besser wirken kann, sollen die meisten mürben Plätzchenteige eine Zeit lang im Kühlschrank ruhen, mindestens 30 Minuten, ideal ein bis zwei Stunden, manchmal auch über Nacht.

Traditionelle Lebkuchen, Pfeffernüsse und Printen sollen sehr lange bei Zimmertemperatur ruhen. Das kann man aber mittlerweile zum Beispiel durch Backpulver, das nicht so lange wirken muss wie das Hirschhornsalz, auf eine Nacht Wartezeit abkürzen.

Zum Ausrollen von in der Höhe sehr gleichmäßig zu backenden Plätzchen benutzt man Teighölzer links und rechts vom Nudelholz, zwischen denen der Teig mit einem langen Nudelholz ausgerollt wird.

Das Backblech wird heute meist mit Backpapier belegt, selten eingefettet. Hier empfiehlt sich natürlich wiederverwendbares, umweltschonendes Material. Bei der Backtemperatur gilt: Lieber zu niedrig als zu hoch. Jeder Ofen backt anders, Angaben sind wichtige Richtwerte. Man sollte beim Backen den Ofen allerdings immer im Blick behalten.

Sehr feuchte Teige werden aufs Backblech gekleckst, das ist auch meistens bei Cookies der Fall. Sie laufen beim Backen auseinander, man sollte ihnen viel Platz auf dem Blech lassen. Außerdem sollte man Cookies nicht zu lange backen, denn sie erhärten beim Erkalten mehr, als man annimmt, und besonders der Soft-Cookie muss innen noch weich sein. Feuchtes Gebäck bewahrt man übrigens mit einem viertel Apfel in der Dose auf, trockenes Gebäck sollte man in einer gut verschlossenen Metalldose lagern, so ist es oft mehr als drei Wochen haltbar.

Bei der Zuckerglasur und Kuvertüre sollte Folgendes beachtet werden: Puderzucker sollte der Flüssigkeit immer nur langsam unter Rühren zugefügt werden, um nicht zu flüssig zu werden. Kuvertüre als Glasur sollte immer im Wasserbad und nie über 37 Grad geschmolzen werden, da sie ansonsten schnell weiße Flecken bekommt und nicht lange lagerbar ist. Nicht zuletzt gilt: Back-Traditionen genießen und immer etwas Neues ausprobieren!

Hinweis zu den Rezepten

Sie werden sich sicherlich fragen, warum unser Rezeptbuch keine bunten Fotos beinhaltet. Die Frage ist eigentlich leicht zu beantworten. Fotos im Hochglanzformat sind mit hohen Druckkosten und Kosten für die Erstellung der Bilder verbunden. Sicherlich sehen sie schön aus und unterstreichen das Rezept auf besondere Art und Weise, doch verursachen sie hohe Kosten, die am Ende der Nutzer tragen muss.

In unserem Buch finden Sie eine Vielzahl an tollen Rezepten, die sich einfach und mit wenigen Handgriffen zubereiten lassen. Ein Bild ist dafür normalerweise nicht notwendig. Wenn wir uns die Kosten für ein Buch mit tollen Fotos anschauen, liegen wir schnell bei mehr als 20 bis 50 €. Die meisten Kunden sind jedoch nicht bereit, für ein Buch so viel Geld zu bezahlen. Damit jeder trotzdem die tollen Rezepte für sich entdecken kann, haben wir daher auf teure Fotos verzichtet und können das Buch deutlich günstiger anbieten.

Viele Leser haben sicherlich auch schon festgestellt, dass die abgebildeten Fotos in den Büchern meist nur Beispielbilder sind. Sie stellen zwar ein ansprechendes Gericht dar, aber entsprechen meist nicht den angegebenen Rezepten. Wir möchten unsere Leser vor dieser Enttäuschung bewahren und haben zusätzlich aus dem Grund auf bunte Bilder verzichtet.

In unserem Buch finden Sie viele verschiedene leckere Keks- und Plätzchen-Rezepte für jede Jahreszeit und jeden Anlass. Durch die leicht beschriebenen Zubereitungsschritte, können Sie und Ihre ganze Familie die Freude des

Plätzchenbackens mit einer Vielzahl an traditionellen und außergewöhnlichen Köstlichkeiten für sich entdecken!

Lassen Sie sich inspirieren und probieren Sie es einfach mal aus! Gutes Gelingen und guten Appetit!

Backen mit Kindern

1. Butterplätzchen ohne Ei

Zutaten für 80 Portionen:

- 125 g Zucker
- 150 g kalte Butter
- 1 Päckchen Vanillezucker
- 3 Tröpfchen Zitronen-Aroma
- 1 TL Backpulver
- 1 Prise Salz

Nährwertangaben pro Portion:

- Kalorien: 42 kcal
- Kohlenhydrate: 5 g
- Fett: 2 g
- Eiweiß: 0,5 g

Zubereitungszeit: 90 Minuten

Zubereitung:

1. Aus in Würfel geschnittener kalter Butter, Zucker, Vanillezucker, Salz, Mehl, Backpulver und Zitronen-Aroma einen Teig kneten, bis er glatt ist. Teig in eine Frischhaltefolie wickeln und mindestens 30 Minuten im Kühlschrank ruhen lassen. So verbindet sich der Teig besser und lässt sich elastischer verarbeiten.
2. Den Backofen auf 175 Grad Ober- und Unterhitze vorheizen. Zwei Backbleche mit Backpapier vorbereiten.
3. Auf einer bemehlten Arbeitsplatte ausrollen und nach Wunsch gemeinsam ausstechen. Plätzchen mit einem stumpfen Frühstücksmesser oder den Händen auf das Backblech legen. Ca. 10 – 12 Minuten auf der mittleren Schiene backen. Reicht für ca. 4 Bleche und 80 Plätzchen.
4. Nach dem Backen sollten die Plätzchen auf einer Platte ausgebreitet werden. Wenn sie erkaltet sind, nach Wunsch verzieren. In einer Dose halten sich die Plätzchen mindestens zwei Wochen.

2. Butterplätzchen mit Ei

Zutaten für 40 Portionen:

- 125 g Butter
- 70 g Zucker
- 1 Päckchen Vanillezucker
- 1 Ei
- 1 Eigelb
- 175 g Mehl
- ½ TL Backpulver
- 1 Prise Salz
- 10 g Schokostreusel

Nährwertangaben pro Portion:

- Kalorien: 42 kcal
- Kohlenhydrate: 5 g
- Fett: 2 g
- Eiweiß: 0,5 g

Zubereitungszeit: 90 Minuten

Zubereitung:

1. Aus in Würfel geschnittener kalter Butter, Zucker, Vanillezucker, Ei, Salz, Mehl, Backpulver und Zitronen-Aroma einen Teig kneten, bis er glatt ist. Teig in eine Frischhaltefolie wickeln und mindestens 30 Minuten im Kühlschrank ruhen lassen.
2. Den Backofen auf 175 Grad Ober- und Unterhitze vorheizen. Zwei Backbleche mit Backpapier vorbereiten.
3. Auf einer bemehlten Arbeitsplatte ausrollen und nach Wunsch gemeinsam ausstechen. Plätzchen mit einem stumpfen Frühstücksmesser oder den Händen auf das Backblech legen.
4. Das Eigelb verquirlen. Vor dem Backen ein paar Schokostreusel auf die Plätzchen streuen und mit Eigelb bestreichen.
5. Ca. 10 – 12 Minuten auf der mittleren Schiene backen. Reicht für ca. 2 Bleche und 40 Plätzchen.

3. Butterplätzchen mit Guss

Zutaten für 60 Portionen:

- 250 g Mehl
- 125 g Zucker
- 150 g kalte Butter
- 1 Päckchen Vanillezucker
- 3 Tröpfchen Zitronen-Aroma
- 1 TL Backpulver
- 1 Prise Salz
- 200 g Puderzucker
- 1 EL Zitronensaft
- 4 Lebensmittelfarben
- 100 g Zuckerstreusel
  Mehl zum Ausrollen

Nährwertangaben pro Portion:

- Kalorien: 62 kcal
- Kohlenhydrate: 10 g
- Fett: 2 g
- Eiweiß: 0,5 g

Zubereitungszeit: 120 Minuten

Zubereitung:

1. Aus Teig und Plätzchen so zubereiten wie in Rezept Nr. 1 beschrieben. Wenn die Plätzchen erkaltet sind, 200 g Puderzucker, dem Zitronensaft und das Wasser in den nicht zu flüssigen Guss rühren.
2. Guss in vier Becher füllen, jeweils ein paar Tropfen Lebensmittelfarben hineingeben und umrühren.
3. Die Plätzchen mit dem Pinsel glasieren, mit Zuckerstreusel dekorieren und trocknen lassen.

4. Doppelkeks

Zutaten für 20 Portionen:

- 200 g Butter
- 75 g Zucker
- 1 Päckchen Vanillezucker
- 1 Ei
- 250 g Mehl
- ¼ TL Backpulver
- 1 Prise Salz
- 200 g Zartbitterkuvertüre
- 100 ml Sahne
  runde oder geriffelte Ausstechform

Nährwertangaben pro Portion:

- Kalorien: 192 kcal
- Kohlenhydrate: 20 g
- Fett: 11 g
- Eiweiß: 3 g

Zubereitungszeit: 90 Minuten

Zubereitung:

1. Die kalte Butter mit Zucker und Vanillezucker vermischen und das Ei hinzugeben, mit dem Handrührgerät verquirlen und nach und nach das Mehl hinzugeben. Mit Backpulver und Salz ergänzen. Dann mit bemehlten Händen eine Teigkugel formen. Der Teig geht in Frischhaltefolie verpackt für 30 Minuten in den Kühlschrank. Den Backofen währenddessen auf 175 Grad Ober- und Unterhitze vorheizen, Umluft 160 Grad.

2. Den kalten Teig sofort verarbeiten und nicht zu dünn ausrollen. Mit einem Glas oder einer geriffelten Form ausstechen (ca. 4 cm Durchmesser). Auf ein mit Backpapier ausgelegtes Backblech legen. Die Kekse 10 Minuten im Ofen auf mittlerer Schiene goldgelb backen.

3. Die Zartbitterkuvertüre mit der Sahne schmelzen, wieder erkalten lassen. Wenn die Schokolade erneut fest wird, die Kekse jeweils mit einem Messer dick bestreichen und mit dem Deckel zudecken. Ganz trocknen lassen. Die Kekse sind sehr gehaltvoll.

4. Monsterkekse

Zutaten für 10 Portionen:

- 200 g Butter
- 75 g Zucker
- 1 Päckchen Vanillezucker
- 1 Ei
- 250 g Mehl
- ¼ TL Backpulver
- 1 Prise Salz
- 100 g roter Johannisbeergelee
- 50 g Mini-Marshmallows
- 20 Zuckeraugen
- 100 g Puderzucker
- Lebensmittelfarbe blau
- 50 g Zuckerstreusel

Nährwertangaben pro Portion:

- Kalorien: 192 kcal
- Kohlenhydrate: 26 g
- Fett: 9 g
- Eiweiß: 2 g

Zubereitungszeit: 60 Minuten

Zubereitung:

1. Runde Kekse zubereiten wie beim Doppelkeks.
2. Aus den Mini-Marshmallows kleine Spitze Zähne schneiden. Aus Puderzucker und 1 ½ EL Wasser eine dicke Glasur mischen, einen Teil davon mit Lebensmittelfarbe färben.
3. Die obere Kekshälfte blau bestreichen und mit den Augen und nach Wunsch mit Zuckerstreusel dekorieren. Trocknen lassen.
4. Die untere Kekshälfte mit etwas erhitztem Gelee bestreichen und an den Rand die Zähne für den Mund mit weißem Zuckerguss kleben. Den Augenkeks auf die untere Hälfte klappen und alles trocknen lassen.

6. Knusperberge

Zutaten für 15 Portionen:

- 150 g Mandelstifte
- 50 g Vollmilch-Kuvertüre
- 50 g Zartbitter-Kuvertüre

Nährwertangaben pro Portion:

- Kalorien: 89 kcal
- Kohlenhydrate: 4 g
- Fett: 6 g
- Eiweiß: 4 g

Zubereitungszeit: 30 Minuten

Zubereitung:

1. Die Mandelstifte in der Pfanne ohne Fett ganz kurz anrösten.
2. Einen großen Teller mit etwas Frischhaltefolie bespannen.
3. Im Wasserbad langsam die Kuvertüre schmelzen.
4. Die Kuvertüre aus dem Wasserbad nehmen und die gerösteten Mandelsplitter hineingeben. Mit zwei Teelöffeln Portionen abnehmen, auf den Teller mit der Frischhaltefolie zu einem kleinen Berg formen und abkühlen lassen. Sollte frisch gegessen werden.

7. Glückskekse

Zutaten für 30 Portionen:

- 60 g Butter
- 60 g Puderzucker
- 1 Päckchen Vanillezucker
- 1 Ei
- 1 EL Milch

Nährwertangaben pro Portion:

- Kalorien: 27 kcal
- Kohlenhydrate: 2 g
- Fett: 2 g
- Eiweiß: 0,3 g

Zubereitungszeit: 30 Minuten Vorbereitung, 50 Minuten Backzeit insgesamt

Zubereitung:

1. Kleine Zettel mit Botschaften beschreiben und zuklappen. Mit einem ungiftigen Stift schreiben (Lebensmittelstift).
2. Die Butter zerlassen. Den Puderzucker in einen Rührbecher mit Kippmöglichkeit geben und alle Zutaten vermischen.
3. Backofen auf 175 Grad Ober- und Unterhitze, 160 Grad Umluft, vorheizen.
4. Auf einem Backblech ein Stück Backpapier auslegen.
5. Den Teig in möglichst gleichgroßen Klecksen auf das Backpapier tropfen, etwa 8 cm groß. Die ersten Male vielleicht nur 3 fertig backen zum Üben, da die Kreise nach dem Backen sehr schnell verarbeitet werden müssen.
6. Die Kleckse auf der mittleren Schiene im Backofen ca. 5 Minuten goldgelb backen. Herausnehmen und mit einem Pfannenheber vom Boden lösen, den Zettel hineinlegen, den Kreis einmal falten, in der Mitte über einem Becherrand biegen und erkalten lassen.

8. Schokotropfen-Kekse

Zutaten für 25 Portionen:

- 100 g Butter
- 80 g Zucker
- 1 Päckchen Vanillinzucker
- 1 Ei
- 180 g Mehl
- ½ Päckchen Backpulver
- 100 g Schokotropfen zum Backen

Nährwertangaben pro Portion:

- Kalorien: 96 kcal
- Kohlenhydrate: 11 g
- Fett: 5 g
- Eiweiß: 1,5 g

Zubereitungszeit: 60 Minuten

Zubereitung:

1. Weiche Butter mit dem Zucker mischen, dann das Ei hinzugeben. Mehl, Salz und Backpulver folgen. Mit dem Handrührgerät einmal durchmixen. Wenn alle Zutaten gut miteinander verbunden sind, die Schokotropfen in den Teig mischen.
2. Den Backofen auf 160 Grad Ober- und Unterhitze, 150 Grad Umluft, vorheizen.
3. Mit zwei Teelöffeln kleine Portionen abtrennen und auf das Blech legen. Ca. 20 Minuten auf der mittleren Schiene backen.

9. Keks-Lollis

Zutaten für 16 Portionen:

- 125 g Butter
- 75 g Zucker
- 1 Päckchen Vanillezucker
- 1 Ei
- 1 Prise Salz
- 250 g Mehl
- 1 TL Backpulver
- 250 g Puderzucker
- 1 EL Zitronensaft
- Speisefarben
- 50 g Streusel
- 25 Back-Lolli-Stile (Cake-Pop-Stile)

Nährwertangaben pro Portion:

- Kalorien: 223 kcal
- Kohlenhydrate: 37 g
- Fett: 7 g
- Eiweiß: 1,7 g

Zubereitungszeit: 60 Minuten

Zubereitung:

1. Die weiche Butter samt Zucker und Vanillezucker mit dem Handrührgerät verrühren. Das Ei aufschlagen, nur das Eiweiß mit der Prise Salz hinzugeben und mit Mehl und Backpulver vermischen. Dann mit den Händen verkneten und den glatten Teig in eine Frischhaltefolie für mindestens 30 Minuten in den Kühlschrank legen.
2. In der Zwischenzeit den Backofen vorheizen auf 180 Grad Ober- und Unterhitze bzw. 165 Grad Umluft. Den Teig herausnehmen und auf einem bemehlten Brett nicht zu dünn ausrollen. Mit einem runden Ausstecher oder Glas runde Formen stechen und den Lolli-Stil hineinstechen. Versetzt auf das Backblech legen.
3. Die Kekse 8 – 10 Minuten backen. Abkühlen lassen, aus Puderzucker, 1 EL Wasser und Zitronensaft die Glasur rühren, bunt Färben und die Lollis verzieren.

10. Zimtschneckchen

Zutaten für 24 Portionen:

- 500 g Mehl
- 200 g Milch
- ½ TL Kardamom
- 20 g Hefe
- 140 g Zucker
- 120 g Butter
- 1 Ei
- 1 Prise Salz
- 3 TL Zimt

Nährwertangaben pro Portion:

- Kalorien: 143 kcal
- Kohlenhydrate: 21 g
- Fett: 5 g
- Eiweiß: 3 g

Zubereitungszeit: 120 Minuten

Zubereitung:

1. Das Mehl in eine Schüssel geben und mit der Faust eine Kuhle hineindrücken. Butter zerlassen und wieder etwas abkühlen lassen. Milch leicht im Topf anwärmen, bis sie lauwarm ist, und den Kardamom hineinrühren. Die Hälfte der Butter hinzugeben. Die Hefe in die Mehlkuhle legen, mit einem Holzlöffel die lauwarme Milch-Butter-Mischung hineinrühren, 60 g Zucker, Salz und das Ei hinzugeben und das äußere Mehl in die Milch ziehen. Alles zu einem glatten Teig vermischen. An einem warmen Ort mindestens 1 Stunde zugedeckt gehen lassen.
2. Auf einem mit Backpapier ausgelegten Backblech den Hefeteig ½ cm dick ausrollen. Aus der restlichen Butter, dem restlichen Zucker und dem Zimt eine Paste rühren und sie auf den Teig streichen. Einrollen und in Scheiben schneiden. Die Scheiben wieder auf das Blech legen und noch mal 20 Minuten zugedeckt an einem warmen Ort gehen lassen.
3. Den Backofen vorheizen auf Ober- und Unterhitze 200 Grad, Umluft 180 Grad. 9 – 11 Minuten backen und auskühlen lassen.

11. Hanseaten-Doppelkeks

Zutaten für 30 Portionen:

- 200 g Butter
- 100 g Zucker
- 1 Päckchen Vanillezucker
- 1 Ei
- 300 g Mehl
- 1 Prise Salz
- 150 g Himbeergelee
- 200 g Puderzucker
- 3 Tropfen Zitronen-Aroma
- rote Lebensmittelfarbe
- geriffelte runde Formen

Nährwertangaben pro Portion:

- Kalorien: 141 kcal
- Kohlenhydrate: 21 g
- Fett: 6 g
- Eiweiß: 13 g

Zubereitungszeit: 180 Minuten

Zubereitung:

1. Butter in Würfel schneiden, mit Zucker, Salz, Ei und Mehl mit dem Handrührgerät verkneten, mit den Händen zu einem glatten Teig formen. In Frischhaltefolie verpackt für 60 Minuten in den Kühlschrank geben.
2. Vor dem Verarbeiten den Backofen auf 175 Grad Ober- und Unterhitze bzw. 150 Grad Umluft vorheizen. Den Teig in Portionen aus dem Kühlschrank entnehmen, auf einer bemehlten Fläche etwas weniger als 3 – 4 mm dick ausrollen. Mit den Formen (4 – 5 cm Durchmesser) ausstechen, aufs mit Backpapier ausgelegte Backblech legen.
3. Die Mürbeteigplätzchen 10 – 12 Minuten goldgelb backen, auskühlen lassen. Puderzuckerguss herstellen, in 200 g Puderzucker kommen 2 EL Wasser und 3 Tropfen Zitronen-Aroma. Mit roter Lebensmittelfarbe die obere Hälfte des Doppelkekses rosa und weiß färben. Trocknen lassen.
4. Das Himbeergelee im Topf kurz erhitzen, leicht auskühlen lassen und auf die untere Hälfte streichen, den Deckel draufsetzen und mindestens eine Stunde, am besten aber mindestens einen Tag, ziehen lassen.

12. Hefe-Kerle (Weckmänner)

Zutaten für 1 Portion:

- 450 g Mehl
- 1 Päckchen Backpulver
- 100 g Zucker
- 1 Päckchen Vanillezucker
- 1 Ei
- 30 ml Sonnenblumenöl
- 30 ml Milch
- 250 g Quark
- einige Rosinen

Nährwertangaben pro Portion:

- Kalorien: 320 kcal
- Kohlenhydrate: 56 g
- Fett: 5 g
- Eiweiß: 11 g

Zubereitungszeit: 80 Minuten

Zubereitung:

1. Den Backofen auf 180 Grad Ober- und Unterhitze oder 160 Grad Umluft vorheizen.
2. In eine große Schüssel das Mehl samt Backpulver geben. Mit Zucker und Vanillezucker vermischen. Den Quark, das Öl und die Milch hinzugeben und alles mit dem Handrührgerät mixen.
3. Den Teig in die Hand nehmen und noch mal durchkneten. In etwa acht Portionen teilen. Je eine Portion in die Hand nehmen und einen Strang formen, von dem Kopf, Arme und Beine abgehen. Nach Wunsch formen. Die Männchen auf ein mit Backpapier ausgelegtes Backblech legen.
4. Den Kerlen mit Rosinen ein Gesicht geben und 20 Minuten im Ofen backen.

13. Nusskküsse

Zutaten für 6 Portionen:

- 3 Eier
- 1 Prise Salz
- 4 Tropfen Zitronen-Aroma
- 250 g Zucker
- 250 gemahlene Haselnüsse
- 30 – 40 Oblaten (5 cm Durchmesser)
- 80 g Zartbitter-Kuvertüre

Nährwertangaben pro Portion:

- Kalorien: 83 kcal
- Kohlenhydrate:9 g
- Fett: 5 g
- Eiweiß: 2 g

Zubereitungszeit: 60 Minuten

Zubereitung:

1. Die Eier trennen. Das Eiweiß in einer Rührschüssel mit dem Salz und dem Zitronen-Aroma steifschlagen. Dann den Zucker und schließlich Haselnüsse einrühren.
2. Den Backofen auf 160 Grad Ober- und Unterhitze, 140 Grad Umluft vorheizen.
3. Oblaten auf ein mit Backpapier ausgelegtes Backblech ausbreiten.
4. Mit dem Esslöffel kleine Kleckse der Nussmasse auf die Oblaten geben.
5. Im Backofen mindestens 15 Minuten backen. Die Plätzchen abkühlen lassen und mit etwas im Wasserbad geschmolzener Kuvertüre verzieren.

14. Schnelle Marzipan-Taler

Zutaten für 70 Portionen:

- 250 g Butter
- 150 g Puderzucker
- 80 g Marzipan
- 1 Ei
- 1 Eigelb
- 3 Tropfen Zitronen-Aroma
- 1 Prise Salz
- 400 g Mehl

Nährwertangaben pro Portion:

- Kalorien: 35 kcal
- Kohlenhydrate: 0,4 g
- Fett: 7 g
- Eiweiß: 0,8 g

Zubereitungszeit: 50 Minuten

Zubereitung:

1. Den Backofen auf 180 Grad Ober- und Unterhitze, 160 Grad Umluft, vorheizen.
2. Den Puderzucker auf die gewürfelte Butter sieben, den Marzipan in Würfeln darüber geben und mit den Eiern, Salz, Aroma und Mehl vermischen.
3. Plätzchen nach Wunsch ausstechen und auf mit Backpapier ausgelegte Backbleche legen. Backzeit ca. 10 Minuten, ergibt 4 – 5 Bleche.
4. Ausgekühlt nach Wunsch verzieren, z.B. als Marienkäfer, Smileys/Emojis, oder mit Zuckeraugen als Monster und mit blauer Speisefarbe als Krümelmonster.

15. Müsli-Kekse

Zutaten für 30 Portionen:

- 100 g Butter
- 100 g Zucker
- 1 Päckchen Vanillezucker
- 100 g Marzipan
- 1 Ei
- 80 g Mehl
- ½ TL Backpulver
- 150 g Müsli mit Früchten

Nährwertangaben pro Portion:

- Kalorien: 83 kcal
- Kohlenhydrate: 11 g
- Fett: 4 g
- Eiweiß: 1 g

Zubereitungszeit: Minuten

Zubereitung:

1. Den Backofen auf 180 Grad Ober- und Unterhitze bzw. 160 Grad Umluft vorheizen.
2. Weiche Butter mit Zucker und Vanillezucker in einer Schüssel verrühren. Das Marzipan hineinkrümeln und mit den Knethaken einrühren. Dann das Ei, das Mehl mit dem Backpulver und schließlich das Müsli hinzugeben.
3. Auf ein mit Backpapier ausgelegtes Backblech mit zwei Löffeln kleine Kekshaufen geben.
4. Im Backofen 10 Minuten backen. Wer dann das Müsli noch versüßen will: Die Müslikeksspitze in geschmolzene Kuvertüre tauchen.

16. Vollkorn-Kekse

Zutaten für 40 Portionen:

- 100 g Butter
- 50 g Rohrzucker
- 1 Ei
- 80 g Bio-Marzipan
- 250 g Bio-Vollkornmehl, Dinkel
- ½ TL Weinsteinbackpulver
- ½ TL Zimt
- 1 Prise Kardamom
- 1 Prise Muskat
- 1 Prise Salz

Nährwertangaben pro Portion:

- Kalorien: 56 kcal
- Kohlenhydrate: 7 g
- Fett: 3 g
- Eiweiß: 1 g

Zubereitungszeit: 120 Minuten

Zubereitung:

1. Aus allen Zutaten in der Reihenfolge Butter, Zucker, Ei, Marzipan Mehl und Gewürzen einen Teig mit dem Knethaken des Rührgeräts mischen, mit den Händen glatt kneten und für 1 Stunde in den Kühlschrank stellen.
2. Den Backofen auf 180 Grad Ober- und Unterhitze oder 160 Grad Umluft vorheizen.
3. Den Teig portionsweise aus dem Kühlschrank nehmen, auf einer bemehlten Fläche ausrollen und ausstechen. Die Plätzchen auf ein mit Backpapier belegtes Backblech legen und auf der mittleren Schiene ca. 12 Minuten fertig backen.
4. Auskühlen lassen. Auf Wunsch mit einem ganz kleinen Klecks Puderzucker-Glasur bestreichen und auskühlen lassen.

17. Bunte Keksbrownies

Zutaten für 30 Portionen:

- 250 g Butter
- 350 g Zucker
- 80 g Kakaopulver, dunkel
- 1 Päckchen Vanillezucker
- 4 Eier
- 150 g Mehl
- 100 g Zartbitter-Kuvertüre
- 100 g Smarties und Gummibärchen

Nährwertangaben pro Portion:

- Kalorien: 175 kcal
- Kohlenhydrate: 21 g
- Fett: 9 g
- Eiweiß: 2,6 g

Zubereitungszeit: 30 Minuten

Zubereitung:

1. Den Backofen Ober- und Unterhitze auf 180 Grad vorheizen, Umluft 160 Grad.
2. Weiche Butter mit Zucker und Vanillezucker, Kakao, Ei, Mehl und Salz mit dem Handrührgerät vermischen.
3. Eine große, feuerfeste Form mit Backpapier auslegen oder sorgsam einfetten und bemehlen. Die Brownie-Masse einfüllen und auf mittlerer Schiene ca. 20 Minuten backen.
4. Nach dem Backen auskühlen lassen. Kuvertüre im Wasserbad schmelzen, Brownies bestreichen und mit Smarties und Gummibärchen verzieren.
5. Kuchen ganz auskühlen lassen, bis die Glasur fest ist, und dann in kleine Würfel schneiden.

18. Schwarz-Weiß-Kekse

Zutaten für 60 Portionen:

- 300 g Butter
- 150 g Zucker
- 1 Päckchen Vanillezucker
- 1 Ei
- 1 Prise Salz
- 400 g Mehl
- 40 g dunkler Kakao
- 3 Tropfen Zitronen-Aroma
- 3 Tropfen Bittermandel-Aroma
- 1 EL Milch

- **Nährwertangaben pro Portion:**
- Kalorien: 52 kcal
- Kohlenhydrate: 42 g
- Fett: 4 g
- Eiweiß: 0,3 g

Zubereitungszeit: 90 Minuten

Zubereitung:

1. Butter in Würfel schneiden und mit dem Zucker mit Handrührgerät verkneten, Ei und Salz hinzugeben und mit dem Mehl vermischen.
2. Den Teil teilen. Eine Hälfte mit Zitronen-Aroma versehen, die andere mit Kakaopulver, Bittermandel-Aroma, Vanillezucker. Beide Teige einzeln in Frischhaltefolie schlagen und 1 Stunde im Kühlschrank ruhen lassen.
3. Backofen auf 180 Grad Ober- und Unterhitze, 160 Grad Umluft, vorheizen, zwei Bleche mit Backpapier vorbereiten. Auf einer Anti-Haft-Fläche jeweils den dunklen und den hellen Teig gleich groß ca. 5 mm dick ausrollen und den hellen Teig mit Milch bestreichen. Den dunklen Teig auf den hellen geben und vorsichtig einrollen. Von der Teigrolle kleine 5 mm breite Scheiben abschneiden, auf die Backbleche legen und jeweils 10 Minuten im Backofen backen, bis der helle Teig am Rand etwas bräunt.

19. Igel-Kekse

Zutaten für 40 Portionen:

- 100 g Butter
- 75 g Zucker
- 1 Päckchen Vanillezucker
- 1 Ei
- 1 Prise Salz
- 2 TL Lebkuchengewürz
- 50 g Marzipan
- 150 g Mehl
- ½ TL Backpulver
- 80 g Mandelstifte

Nährwertangaben pro Portion:

- Kalorien: 60 kcal
- Kohlenhydrate: 6 g
- Fett: 4 g
- Eiweiß: 1 g

Zubereitungszeit: 60 Minuten

Zubereitung:

1. Den Backofen auf 200 Grad Ober- und Unterhitze, 180 Grad Umluft, vorheizen.
2. Die Eier trennen. Butter in Würfeln mit Zucker, Vanillezucker, dem Eigelb, dem Lebkuchengewürz, Salz und Marzipan vermengen. Das Mehl mit dem Backpulver hinzugeben und durchkneten. Zu einem glatten Teig formen. Mindestens 30 Minuten in Frischhaltefolie verpackt im Kühlschrank ruhen lassen.
3. Eiweiß zu Eischnee schlagen. Mit bemehlten Händen Kugeln mit Igelschnauze aus dem Teig formen, den Rücken mit Eischnee bepinseln und mit aufgestellten Mandelstiften verzieren.
4. Im Backofen auf einem mit Backpapier ausgelegten Backblech 10 Minuten goldbraun backen.

20. Nougat-Taler

Zutaten für 4 Portionen:

- 1 Ei
- 200 g Nougat
- 150 g Butter
- 1 Prise Salz
- 3 Tropfen Butter-Vanille-Aroma
- 300 g Mehl
- ½ Päckchen Backpulver
- 200 g weiße Schokolade
- Zuckerperlen

Nährwertangaben pro Portion:

- Kalorien: 216 kcal
- Kohlenhydrate: 3 g
- Fett: 17 g
- Eiweiß: 12 g

Zubereitungszeit: 90 Minuten und Ruhezeit über Nacht

Zubereitung:

1. Am Vortag vorbereiten: Das Ei trennen, das Eigelb in eine Schüssel geben. Mit Nougat und Butter verrühren. Das Mehl mit Backpulver und Salz hinzugeben, alles gründlich durchkneten. Die Masse in Frischhaltefolie wickeln und 30 Minuten in den Kühlschrank geben.
2. Die Teigmasse schnell mit bemehlten Händen durchkneten und in vier Würste rollen, wieder in Frischhaltefolie wickeln und über Nacht im Kühlschrank aufbewahren.
3. Am Backtag den Backofen auf 180 Grad Ober- und Unterhitze, 160 Grad Umluft, vorheizen.
4. Dann die Würste in 1 cm dicke Scheiben schneiden und auf ein mit Backpapier ausgelegtes Backblech gegeben. 10 Minuten backen. Während der Backzeit die Kuvertüre langsam im Wasserbad schmelzen lassen.
5. Nach dem Backen kurz auskühlen lassen, halbseitig in die weiße Schokolade tauchen und zum Trocknen auf eine Platte legen. Auf Wunsch noch mit ein paar Zuckerperlen verzieren.

21. Marzipankartoffeln

Zutaten für 40 Portionen:

- 200 g Marzipan
- 100 g Puderzucker
- 50 g Kakao
- 10 g Zimt
- 10 g Sesam

Nährwertangaben pro Portion:

- Kalorien: 39 kcal
- Kohlenhydrate: 6 g
- Fett: 1,25 g
- Eiweiß: 0,6 g

Zubereitungszeit: 30 Minuten

Zubereitung:

1. Rohmarzipan in Würfel schneiden und in eine Schüssel geben. Puderzucker über das Marzipan sieben. Verkneten.
2. Mit den Händen kleine Kugeln formen und in dunklem Kakao, Zimt oder in der Pfanne ganz kurz geröstetem Sesam wälzen.

22. Minz-Plätzchen

Zutaten für 60 Portionen:

- 200 g Butter
- 180 g Puderzucker
- 1 Päckchen Vanillezucker
- 1 Ei
- 1 Prise Salz
- 350 g Zartbitterkuvertüre
- 200 g Mehl
- 2 TL Backpulver
- 15 Tropfen Pfefferminzöl (Apotheke, zum Verzehr)

Nährwertangaben pro Portion:

- Kalorien: 80 kcal
- Kohlenhydrate: 8 g
- Fett: 5 g
- Eiweiß: 1 g

Zubereitungszeit: 120 Minuten

Zubereitung:

1. Von der Kuvertüre einen Block von ca. 50 g abbrechen und klein hacken.
2. Zucker mit Vanillezucker, Butter und Ei vermischen, Salz hinzugeben und das Mehl mit dem Backpulver einrühren. Nun folgen die klein gehackte Schokolade und drei Tropfen Pfefferminzöl. Teig mit den Händen glatt kneten, zwei Rollen daraus formen und jeweils in Frischhaltefolie verpackt in den Kühlschrank geben. Ca. 1 Stunde ruhen lassen.
3. Den Backofen auf 180 Grad Ober- und Unterhitze bzw. 160 Grad Umluft vorheizen.
4. Den Teig herausholen, ca. 5 mm dicke Scheiben mit dem Messer vom Teig schneiden und auf das mit Backpapier ausgelegte Backblech legen. Im Backofen für 10 Minuten backen und auskühlen lassen.
5. Restliche Kuvertüre im Wasserbad schmelzen, mit 5 oder mehr Tropfen Pfefferminzöl vermischen, die Minztaler großzügig bestreichen.

23. Schnelle Erdnuss-Kekse

Zutaten für 40 Portionen:

- 120 g Erdnussbutter
- 10 g Erdnüsse
- 1 Ei
- ½ Vanilleschote
- 20 Belegkirschen

Nährwertangaben pro Portion:

- Kalorien: 24 kcal
- Kohlenhydrate: 4 g
- Fett: 8 g
- Eiweiß: 5 g

Zubereitungszeit: 30 Minuten

Zubereitung:

1. Backofen auf 180 Grad Ober- und Unterhitze vorheizen, Umluft 160 Grad.
2. Die Erdnussbutter mit dem Ei und der frischen Vanille vermischen.
3. Ein Backblech mit Backpapier vorbereiten und mit zwei Teelöffeln kleine Haufen Erdnussteig formen. Die Erdnüsse darauflegen und etwas eindrücken. Eine halbe Belegkirsche auflegen.
4. Für ca. 10 – 12 Minuten im Backofen backen.

24. Winterliche Schoko-Crossies

Zutaten für 50 Portionen:

- 300 g Vollmilch-Kuvertüre
- 50 g weiße Kuvertüre
- 200 g Cornflakes
- ¼ TL Lebkuchengewürz

Nährwertangaben pro Portion:

- Kalorien: 34 kcal
- Kohlenhydrate: 4 g
- Fett: 2 g
- Eiweiß: 0,6 g

Zubereitungszeit: 30 Minuten Arbeitszeit, 4 Stunden Kühlzeit

Zubereitung:

1. Die Vollmilch-Kuvertüre in grobe Würfel brechen und im Wasserbad schmelzen.
2. Eine große Platte mit Backpapier belegen.
3. Die Cornflakes mit den Händen leicht zerdrücken und in die dunkle Schokolade geben. Mit zwei Löffeln kleine Berge auf das Backpapier häufen. Zwei Stunden am kalten Ort auskühlen lassen.
4. Weiße Schokolade im Wasserbad schmelzen und die Berge beträufeln. Sofort wieder auskühlen und weitere zwei Stunden ganz festwerden lassen.

25. Bunte Baisers

Zutaten für 60 Portionen:

- 3 Eiweiß
- 1 Prise Salz
- 3 Tropfen Zitronen-Aroma
- 120 g feiner Zucker
- Lebensmittelfarbe

Nährwertangaben pro Portion:

- Kalorien: 9 kcal
- Kohlenhydrate: 2 g
- Fett: 2 g
- Eiweiß: 0,2 g

Zubereitungszeit: 10 Minuten Vorbereitung, 90 Minuten Backzeit

Zubereitung:

1. Ofen auf 90 Grad Ober- und Unterhitze, 70 Grad Umluft, vorheizen.
2. Das Eiweiß mit Aroma und Zucker mit dem Handrührgerät cremig schlagen, ganz zum Schluss vorsichtig die ausgewählten Lebensmittelfarben einmischen.
3. Auf ein Backblech mit Backpapier viele kleine Löffel Eiweißschaum verteilen. Gern auch mit dem Spritzgebäckaufsatz arbeiten.
4. Auf der mittleren Schiene ca. 90 Minuten im Ofen trocken backen.

26. Schneekugeln

Zutaten für 20 Portionen:

- 100 g Mandeln, gemahlen
- 150 g Kokosraspel
- 1 EL Mandelmus
- 50 g weiße Schokolade
- 1 EL Sahne
- 1 TL Limette
- Zesten von 1 Limette

Nährwertangaben pro Portion:

- Kalorien: 140 kcal
- Kohlenhydrate: 2 g
- Fett: 13 g
- Eiweiß: 18 g

Zubereitungszeit: 20 Minuten

Zubereitung:

1. Mandeln mit 100 g Kokosrapel, dem Mandelmus und der Limette in eine Rührschüssel geben. Mit dem Schneidemesser des Mixers zerkleinern. Die Schokolade im Wasserbad mit der Sahne schmelzen. Hinzugeben und alles noch mal vermischen. 30 Minuten im Kühlschrank fest werden lassen.
2. 20 Bällchen formen, in Kokosraspeln wälzen und in einer geschlossenen Schüssel 3 Stunden im Kühlschrank abkühlen lassen.

27. Marshmallow-Bruch

Zutaten für 24 Portion:

- 200 g Vollmilch-Kuvertüre
- 50 g Haselnüsse
- 1 EL Butter
- 2 EL Zucker
- 50 g Mini-Marshmallows, bunt
- 50 g Smarties

Nährwertangaben pro Portion:

- Kalorien: 85 kcal
- Kohlenhydrate: 9 g
- Fett: 5 g
- Eiweiß: 1 g

Zubereitungszeit: 35 Minuten, Kühlzeit über Nacht

Zubereitung:

1. In einer Pfanne Butter schmelzen, grob gehackte Haselnüsse hineingeben und mit dem Zucker karamellisieren. Erkalten lassen.
2. Im Wasserbad langsam die in Würfel gebrochene Kuvertüre schmelzen.
3. Smarties grob hacken.
4. Eine mittelgroße Backofenform mit Fett auskleiden. Die geschmolzene Schokolade hineinträufeln lassen. Nüsse, Smarties und Marshmallows in der Schokolade versinken lassen. Auskühlen lassen.
5. Über Nacht im Kühlschrank ganz fest werden lassen.
6. Am nächsten Tag mit dem Messer in kleine Bruch-Portionen aufteilen. Im Kühlschrank aufbewahren.

Traditionelle Plätzchen aus Deutschland

28. Safrangelbe Butterplätzchen

Zutaten für 70 Portionen:

- 125 g Butter
- 3 Eigelb
- 200 g Zucker
- 1 Päckchen Vanillezucker
- 1 Msp. Safran
- 1 Prise Salz
- 2 Tropfen Zitronenöl
- 250 g Mehl
- 1 TL Backpulver
- zusätzlich Mehl zum Ausrollen und Ausstechen

Nährwertangaben pro Portion:

- Kalorien: 40 kcal
- Kohlenhydrate: 5 g
- Fett: 2 g
- Eiweiß: 0,5 g

Zubereitungszeit: 90 Minuten

Zubereitung:

1. Die Butter in Würfel schneiden und in eine Schüssel legen. Eigelb, Zucker und Vanillezucker sowie den Safran und Salz hinzugeben. Mit den Knethaken vermischen. Zitronenöl, Mehl und Backpulver hinzugeben und verkneten. Mit den Händen zu einem glatten Teig verarbeiten. Den Teig in Frischhaltefolie gewickelt für 30 Minuten im Kühlschrank ruhen lassen.
2. Den Backofen auf Ober- und Unterhitze auf 175 Grad, Umluft auf 160 Grad, vorheizen.
3. Plätzchen portionsweise aus dem Kühlschrank nehmen, auf einer bemehlten Arbeitsfläche ausrollen und ausstechen. Für ca. 8 – 10 Minuten im Backofen goldgelb backen.

29. Braune Kuchen

Zutaten für 60 Portionen:

- 200 g Zuckerrübensirup
- 65 g Zucker
- 65 g Butter
- 1 TL Zimt
- 50 g Mandeln, gemahlen
- 30 g Orangeat
- 1 TL Zimt
- ½ TL gemahlene Nelken
- 7 g Pottasche
- 2 TL Zitronenabrieb
- 350 g Mehl
- 2 TL Backpulver

Nährwertangaben pro Portion:

- Kalorien: 538 kcal
- Kohlenhydrate: 178 g
- Fett: 30 g
- Eiweiß: 23 g

Zubereitungszeit: 80 Minuten, Ruhezeit über Nacht

Zubereitung:

1. Sirup mit dem Zucker und der Butter in einem Topf vorsichtig aufkochen und etwas abkühlen lassen. In der Zwischenzeit die Zitrone waschen und die Schale abreiben.
2. Alle Zutaten in die Zuckermasse einrühren, zum Schluss das Mehl mit dem Backpulver. Den Teig zu mehreren rechteckigen Quadern verarbeiten (in Keksgröße, etwa 2 x 4 cm) und fest in Frischhaltefolie wickeln. Über Nacht in den Kühlschrank stellen.
3. Am Verarbeitungstag den Backofen auf 200 Grad Ober- und Unterhitze oder 180 Grad Umluft vorheizen.
4. Die Quader aus dem Kühlschrank holen und in 4 – 5 mm dicke Scheiben schneiden, aufs mit Backpapier ausgelegte Backblech legen und ca. 8 Minuten backen.

30. Spekulatius

Zutaten für 80 Portionen:

- 250 g Butter
- 200 g Zucker
- 50 g Rohrzucker
- 2 Eier
- 1 Eigelb
- 1 Prise Salz
- 2 TL Spekulatiusgewürz
- 500 g Mehl
- 3 g Hirschhornsalz
- 1 TL Milch

Nährwertangaben pro Portion:

- Kalorien: 57 kcal
- Kohlenhydrate: 7 g
- Fett: 3 g
- Eiweiß: 0,9 g

Zubereitungszeit: 60 Minuten, Ruhezeit über Nacht im Kühlschrank

Zubereitung:

1. Butter in Würfeln und Zucker in einer Schüssel verkneten. Die Eier und alle Gewürze hinzugeben. Hirschhornsalz in Milch auflösen und vermixen. Das Mehl einkneten. In Frischhaltefolie wickeln und über Nacht in den Kühlschrank geben.
2. Am Verarbeitungstag Teig portionsweise entnehmen. Vor dem Ausrollen noch einmal durchkneten. Den Backofen auf 180 Grad Ober- und Unterhitze, 160 Grad Umluft, vorheizen. Backpapier auf ein Backblech legen.
3. Teig auf einer bemehlten Fläche etwa 3 – 4 cm dick ausrollen und ausstechen. Im Backofen etwa 10 Minuten backen.

31. Vanillekipferl

Zutaten für 60 Portionen:

- 200 g Butter
- 70 g Zucker
- 3 Päckchen Vanillezucker
- 2 Eigelb
- 100 g gemahlene Mandeln (geschält)
- 250 g Mehl
- 250 g Puderzucker

Nährwertangaben pro Portion:

- Kalorien: 75 kcal
- Kohlenhydrate: 9 g
- Fett: 4 g
- Eiweiß: 1 g

Zubereitungszeit: 120 Minuten

Zubereitung:

1. Butter in Würfeln in eine Schüssel geben, mit dem Zucker und 1 Päckchen Vanillezucker sowie dem Eigelb vermischen. Mit dem Handmixer die Mandeln und das Mehl hinzugeben. Mit den Händen den Teig noch einmal glatt kneten. Zu zwei Rollen (4 cm Durchmesser) verarbeiten und für mindestens eine halbe Stunde in den Kühlschrank geben.

2. Den Backofen auf 170 Grad Ober- und Unterhitze oder 150 Grad Umluft vorheizen. Eine Schüssel mit gesiebtem Puderzucker vorbereiten und zwei Päckchen Vanillezucker darin vermischen. Ein Backblech mit Backpapier belegen.

3. Den Teig portionsweise aus dem Kühlschrank holen. Von der Rolle 1 cm dicke Scheiben abteilen. Die Scheiben zu Halbmonden und dann zu Kipferln formen und auf das Backblech legen. Im Backofen ca. 15 – 20 Minuten backen, die Kipferl sollten nicht dunkel werden.

4. Aus dem Backofen nehmen, ganz kurz abkühlen, vorsichtig im Puderzucker wälzen (zerbrechlich!) und abkühlen lassen.

32. Zimt-Sterne

Zutaten für 70 Portionen:

- 3 Eiweiß
- 400 g Puderzucker
- 1 Prise Salz
- 2 TL Zimt
- 1 Prise Kardamom
- 1 Päckchen Vanillezucker
- 500 g gemahlene Mandeln
- Puderzucker zum Ausrollen

Nährwertangaben pro Portion:

- Kalorien: 66 kcal
- Kohlenhydrate: 6 g
- Fett: 4 g
- Eiweiß: 2 g

Zubereitungszeit: 60 Minuten

Zubereitung:

1. Backofen vorheizen auf 150 Grad Ober- und Unterhitze bzw. 130 Grad Umluft.
2. Die Eiweiße mit der Prise Salz steif schlagen und mit dem Puderzucker vermischen. Von der Menge ca. 100 g abfüllen zum Bestreichen. In die restliche Menge den Vanillezucker, Zimt und Kardamom einrühren und die Mandeln hinzugeben. Mit dem Handrührer mixen, bis der Teig zu einer festen Paste wird.
3. Puderzucker auf eine Arbeitsfläche streuen und den Teig dick ausrollen, die Formen ausstechen und auf einem mit Backpapier ausgelegten Backblech platzieren. Die Formen mit dem Eiweiß dick bestreichen. Im Backofen ca. 10 Minuten backen.

33. Kokosberger

Zutaten für 50 Portionen:

- 3 Eiweiß
- 1 Prise Salz
- 1 Zitrone (Bio)
- 1 Päckchen Vanillezucker
- 250 g feiner Zucker
- 250 g Kokosraspel
- 100 g Zartbitter-Kuvertüre

Nährwertangaben pro Portion:

- Kalorien: 67 kcal
- Kohlenhydrate: 7 g
- Fett: 3,5 g
- Eiweiß: 2 g

Zubereitungszeit: 90 Minuten

Zubereitung:

1. Den Backofen vorheizen, Ober- und Unterhitze bei 150 Grad, Umluft bei 140 Grad.
2. Das Eiweiß mit einer Prise Salz steif schlagen. Die Biozitrone abwaschen und die Schale auf einen Teller reiben, Zitrone auspressen und den Saft samt Schale zusammen mit dem Vanillezucker ins Eiweiß geben. Die gesamte Zuckermenge und die Kokosraspel unter vorsichtigem Rühren hinzunehmen.
3. Auf ein mit Backpapier ausgelegtes Backblech mit zwei Teelöffeln kleine Berge setzen. Im Backofen ca. 20 Minuten auf unterer Schiene trocknen.
4. Herausnehmen und abkühlen lassen. In der Zwischenzeit im Wasserbad die Schokolade schmelzen. Die Spitzen der Kokosmakronen in die Schokolade tauchen und sie dann noch mal trocknen lassen.

34. Weiße Pfeffernüsse

Zutaten für 60 Portionen:

- 125 g Butter
- 70 g Zucker
- 2 Eier
- 1 Zitrone (Bio)
- 30 g Orangeat
- ½ TL Kardamom
- ½ TL weißer Pfeffer
- 1 Prise Muskatnuss
- 1 Msp. Ingwerpulver (oder ½ TL frischer Ingwer, zerdrückt)
- 250 g Mehl
- 1 TL Backpulver
- 200 g Puderzucker

Nährwertangaben pro Portion:

- Kalorien: 53 kcal
- Kohlenhydrate: 8 g
- Fett: 2 g
- Eiweiß: 0,7 g

Zubereitungszeit: 120 Minuten

Zubereitung:

1. Weiche Butter mit Eiern und Zucker schaumig rühren. Die Zitrone waschen, die Schale auf einen Teller reiben und auspressen. Das Orangeat noch kleiner hacken. Alle Gewürze, die Zitronenschale und das Orangeat zur Buttermasse geben, verrühren und mit Mehl zu einem festen Teig kneten. Den Teig in 3 Rollen in Folie eingewickelt für mindestens eine halbe Stunde in den Kühlschrank geben.
2. In der Zwischenzeit den Ofen auf 180 Grad Ober- und Unterhitze, 160 Grad Umluft, vorheizen. Ein Backblech mit Backpapier auslegen. Den Teig aus dem Kühlschrank in Scheiben schneiden und die Scheiben zu wallnussgroßen Kugeln verarbeiten. Die Pfeffernüsse ca. 20 Minuten backen.
3. Aus dem Puderzucker mit 1 EL Zitronensaft und 1 EL Wasser eine Glasur herstellen und die abgekühlten Pfeffernüsse glasieren.

35. Schnelle Lebkuchen

Zutaten für 20 Portionen:

- 250 g Honig
- 100 g Zucker
- 125 g gemahlene Mandeln
- 50 g Butter
- 1 Ei
- 1 Prise Salz
- ½ TL Ingwerpulver
- ½ TL Kardamom
- ½ TL Zimt
- 250 g Mehl
- 1 TL Backpulver
- 2 EL geschälte Mandeln

Nährwertangaben pro Portion:

- Kalorien: 167 kcal
- Kohlenhydrate: 24 g
- Fett: 6 g
- Eiweiß: 3 g

Zubereitungszeit: 60 Minuten

Zubereitung:

1. Alle Zutaten für den Teig bis auf die Mandeln verkneten.
2. Backofen auf 180 Grad Ober- und Unterhitze, 160 Grad Umluft, vorheizen.
3. Teig auf einer bemehlten Fläche dick ausrollen und gewünschte Formen ausstechen. Mit je einer Mandel in der Mitte garnieren. Auf ein mit Backpapier ausgelegtes Backblech legen und 15 Minuten backen.
4. Die Lebkuchen an der Luft weich werden lassen. Erst dann in Dosen verpacken.

36. Baseler Leckerli

Zutaten für 40 Portionen:

- 250 g Honig
- 125 g Zucker
- 1 EL Zimt
- 1 Msp. Ingwerpulver
- 1 Prise Salz
- 2 EL Kakaopulver, dunkel
- 1 Zitrone (Bio)
- 125 g gehackte Mandeln
- 50 g Orangeat
- 50 g Zitronat
- 250 g Mehl
- 1 EL Rum oder Kirschwasser
- 1 TL Hirschhornsalz
- 150 g Puderzucker

Nährwertangaben pro Portion:

- Kalorien: 97 kcal
- Kohlenhydrate: 18 g
- Fett: 2 g
- Eiweiß: 1,7 g

Zubereitungszeit: 90 Minuten Arbeitszeit, 3 Stunden Ruhezeit

Zubereitung:

1. Den Honig in einem Topf kochen und den Zucker darin auflösen, etwas abkühlen lassen. Zimt, Ingwerpulver, Salz, Zitronenabrieb von der Zitrone und Kakaopulver hinzugeben. Das Hirschhornsalz in Rum auflösen und hineingeben. Zitronat und Orangeat fein hacken, hinzugeben und mit dem Mixer verkneten. Zum Schluss Mandeln und Mehl. Mit den Händen auch noch einmal durchkneten. Die Schüssel abdecken und mindestens 3 Stunden durchziehen lassen.
2. Vor der Weiterverarbeitung den Backofen auf 180 Grad Ober- und Unterhitze, 160 Grad Umluft, vorheizen. Backblech mit Backpapier auslegen oder einfetten und den Teig glatt auf das Blech verstreichen. Ungefähr 20 Minuten backen. Aus Puderzucker und Zitronensaft eine Glasur rühren.
3. Blech herausnehmen, sofort in Streifen schneiden und glasieren.

37. Früchtekuchen

Zutaten für 60 Portionen:

- 150 g Butter
- 250 g Zucker
- 1 Päckchen Vanillezucker
- 4 Eier
- 100 ml Milch
- 2 TL Lebkuchengewürz
- 75 g Orangeat
- 50 g Zitronat
- 25 kandierte Kirschen
- 100 g gemahlene Mandeln
- 300 g Mehl
- 200 g Zartbitter-Kuvertüre

Nährwertangaben pro Portion:

- Kalorien: 90 kcal
- Kohlenhydrate: 12 g
- Fett: 4 g
- Eiweiß: 2 g

Zubereitungszeit: 90 Minuten

Zubereitung:

1. Zerlassene Butter mit Zucker und Vanillezucker in einer Schüssel vermischen, die Eier, die Milch, das Lebkuchengewürz und die fein gehackten Früchte hinzugeben. Gut durchkneten.
2. Den Backofen auf 180 Grad Ober- und Unterhitze, 160 Grad Umluft, vorheizen.
3. Nun die Mandeln und das Mehl in den Teig geben, noch mal gut durchkneten. Ein tiefes Backblech gut ausfetten und bemehlen und den Teig hineingeben. Im Backofen für ca. 20 Minuten backen, Gabelprobe. Teig sollte nicht braun werden.
4. Herausnehmen, auskühlen lassen und mit im Wasserbad aufgelöster Kuvertüre bestreichen. Glasur ganz erhärten lassen. In 5 cm lange und 1,5 cm breite Streifen schneiden.

38. Honigkuchen

Zutaten für 50 Portionen:

- 400 g Honig
- 200 g Zucker
- 5 Eier
- 125 g Butter
- 4 EL Kakaopulver, dunkel
- 1 EL Lebkuchengewürz
- 2 EL Rum
- 50 g Orangeat
- 125 g Mandeln, gemahlen
- 500 g Mehl
- 1 Päckchen Backpulver
- 200 g Zartbitter-Kuvertüre
- Pistazien und gehälftete Mandeln

Nährwertangaben pro Portion:

- Kalorien: 137 kcal
- Kohlenhydrate: 20 g
- Fett: 6 g
- Eiweiß: 3 g

Zubereitungszeit: 90 Minuten

Zubereitung:

1. Honig und Zucker kurz in einem Topf aufkochen, die Masse in eine Schüssel geben und Eier, Butter in Würfeln, Kakaopulver, Lebkuchengewürz und Rum dazugeben. Vermixen. Orangeat und Zitronat feiner hacken und einrühren, zum Schluss Mandeln, Mehl und Backpulver.
2. Den Backofen auf 180 Grad Ober- und Unterhitze, 160 Grad Umluft, vorheizen.
3. Das Backblech sorgsam einfetten und bemehlen und den Teig verteilen. Auf mittlerer Schiene für ca. 25 Minuten backen. Abkühlen lassen, Kuvertüre im Wasserbad schmelzen und bestreichen. Mit geviertelten Pistazien und gehälfteten Mandeln garnieren und erkalten lassen. In Schnitten schneiden.

39. Heidesand

Zutaten für 80 Portionen:

- 250g Butter
- 250 g Zucker
- 1 Päckchen Vanillezucker
- 1 Prise Salz
- 400 g Mehl

Nährwertangaben pro Portion:

- Kalorien: 53 kcal
- Kohlenhydrate: 7 g
- Fett: 2,6 g
- Eiweiß: 0,5 g

Zubereitungszeit: 60 Minuten Arbeitszeit, Ruhezeit über Nacht

Zubereitung:

1. In einem Topf die Butter vorsichtig zerlassen, kurz bevor die Butter bräunt, herunternehmen. 200 g Zucker und Vanillezucker hinzugeben. Die Masse etwas erkalten lassen. Nach und nach Mehl hinzugeben.
2. Der Teig ist sehr klebrig. Abgekühlt in den Kühlschrank stellen, 1 Stunde kühlen lassen, dann in drei Rollen formen, sehr gut in Frischhaltefolie verpacken und über Nacht im Kühlschrank ruhen lassen.
3. Am Verarbeitungstag den Backofen auf 175 Grad Ober- und Unterhitze bzw. 165 Grad Umluft vorheizen.
4. Den Teig so eingepackt, wie er ist, zu Quadern formen, indem man ihn auf die Arbeitsfläche schlägt. Auspacken, in dem restlichen Zucker wälzen und in Scheiben schneiden.
5. Auf einem mit Backpapier ausgelegten Backblech 10 Minuten backen.

40. Haferflockenkekse

Zutaten für 50 Portionen:

- 200 g Butter
- 100 g Zucker
- 1 Päckchen Vanillezucker
- 1 Ei
- 1 Prise Salz
- 250 g grobe Haferflocken
- 100 g Dinkelmehl
- 1 TL Backpulver

Nährwertangaben pro Portion:

- Kalorien: 66 kcal
- Kohlenhydrate: 7 g
- Fett: 4 g
- Eiweiß: 1 g

Zubereitungszeit: 25 Minuten

Zubereitung:

1. Den Backofen auf 180 Grad Ober- und Unterhitze oder 160 Grad Umluft vorheizen. Ein Backblech mit Backpapier vorbereiten.
2. Die Butter mit dem Zucker und dem Vanillezucker im Mixer schaumig rühren, das Ei mit Salz dazugeben, dann Haferflocken, Mehl und Backpulver untermischen und durchmixen.
3. Von der Masse kleine Kleckse auf das Backblech geben und ca. 10 Minuten im Backofen goldbraun backen.

41. Anisplätzchen

Zutaten für 30 Portionen:

- 2 Eier (Bio)
- 125 g Zucker
- 1 TL Anispulver
- 125 g Mehl
- 1 Prise Salz
- 1 Msp. Backpulver
- Spritztüte

Nährwertangaben pro Portion:

- Kalorien: 37 kcal
- Kohlenhydrate: 7 g
- Fett: 0,5 g
- Eiweiß: 1 g

Zubereitungszeit: 60 Minuten, Ruhezeit über Nacht

Zubereitung:

1. Die Eier mit dem Zucker und dem Anispulver mindestens 10 Minuten mit dem Handrührgerät schaumig schlagen. Dann nach und nach Mehl, Salz und Backpulver unter Rühren hinzugeben.
2. Etwas Teig in die Spritztüte füllen und auf das Backblech kleine Berge (runde Tülle) spritzen. Über Nacht an einem warmen Ort trocknen lassen.
3. Den Backofen auf 160 Grad Ober- und Unterhitze, 140 Grad Umluft, vorheizen, ein Backblech mit Backpapier auslegen.
4. Im Backofen ca. 30 Minuten hellgelb backen. Sofort vom Papier lösen und abkühlen lassen.

42. Orangen-Spritzgebäck

Zutaten für 90 Portionen:

- 125 g Margarine
- 200 g Puderzucker
- 1 Päckchen Vanillezucker
- 100 g Marzipan
- 1 Ei
- 1 Orange (Bio)
- 150 g Mehl
- 120 g Speisestärke
- 50 g Zartbitter-Kuvertüre
- Spritztüte

Nährwertangaben pro Portion:

- Kalorien: 43 kcal
- Kohlenhydrate: 7 g
- Fett: 1,6 g
- Eiweiß: 0,4 g

Zubereitungszeit: 90 Minuten

Zubereitung:

1. Die Margarine mit 100 g Puderzucker und dem Vanillezucker verrühren. Das Marzipan hineinbröseln und mit dem Ei vermixen. Die Orange abspülen und die Schale abreiben. Zusammen mit dem Orangensaft in den Teig geben. Verrühren. Schließlich Mehl und Speisestärke langsam dazugeben.
2. Backofen vorheizen auf 175 Grad Ober- und Unterhitze, 160 Grad Umluft.
3. Teig portionsweise in den Spritzbeutel füllen (Sternchentülle). Zwei kleine Streifen spritzen und mit einem dritten dickeren Streifen abdecken (sie sehen dann Löffelbiskuit ähnlich, sind aber etwas kleiner).
4. Im Backofen für ca. 10 Minuten goldgelb backen. Auskühlen lassen. Mit dem restlichen Puderzucker und 2 EL Wasser Glasur anrühren. Ausgekühlte Plätzchen glasieren. Kuvertüre im Wasserbad schmelzen und mit einer Gabel oder einem Löffel Schokostreifen über die Stäbchen ziehen. Ganz erkalten lassen.

43. Zitronen-Zuckergebäck

Zutaten für 45 Portionen:

- 125 g Butter
- 100 g Zucker
- 1 Päckchen Vanillezucker
- 250 g Mehl
- ½ TL Backpulver
- 200 g Puderzucker
- 1 Zitrone (Bio)

Nährwertangaben pro Portion:

- Kalorien: 67 kcal
- Kohlenhydrate: 8 g
- Fett: 3 g
- Eiweiß: 0,5 g

Zubereitungszeit: 30 Minuten

Zubereitung:

1. Butter mit dem Zucker im Topf auflösen, in eine Schüssel geben, etwas erkalten lassen und das Mehl mit dem Backpulver darin vermischen.
2. Den Teig in zwei Rollen formen und in Frischhaltefolie verpackt in den Kühlschrank geben.
3. Am Verarbeitungstag den Backofen auf 180 Grad Ober- und Unterhitze oder 160 Grad Umluft vorheizen. Ein Backblech mit Backpapier vorbereiten.
4. Mit einem Messer die Plätzchen in 8 mm dicke Scheiben schneiden und 12 Minuten backen. Mit dem Puderzucker, etwas Zitronenabrieb und dem Saft der Zitrone eine Glasur herstellen und die erkalteten Plätzchen dick glasieren.

44. Marzipan Königsberger Art

Zutaten für 40 Portionen:

- 400 g Marzipan
- 300 g Puderzucker
- 1 Ei
- 1 EL Zitronensaft
- 40 Pistazien
- 20 Belegkirschen

Nährwertangaben pro Portion:

- Kalorien: 84 kcal
- Kohlenhydrate: 15 g
- Fett: 2 g
- Eiweiß: 0,8 g

Zubereitungszeit: 80 Minuten Arbeitszeit, Ruhezeit über Nacht

Zubereitung:

1. Das Ei trennen, Eiweiß steif schlagen. Marzipan in feine Stücke schneiden und die Hälfte des Puderzuckers über den Marzipan sieben. Zu einem glatten Teig verkneten.
2. Den Backofen auf 220 Grad Ober- und Unterhitze oder 200 Grad Umluft vorheizen, ein Backblech mit Backpapier auslegen.
3. Den Teig auf etwas Puderzucker ausrollen und ausstechen. Mit Teigresten kleine Ränder formen. Den Teig mit Eiweiß bestreichen, die Ränder festkleben und mit einer Gabel kleine Wellen eindrücken. Mit Eigelb bestreichen. Dann im Backofen 5 Minuten backen.
4. Über Nacht trocknen lassen. Am nächsten Tag einen Guss aus dem restlichen Puderzucker und Zitronensaft herstellen. Mit gehälfteten Pistazien und geviertelten Kirschen belegen. Nochmals trocknen lassen.

45. Rumkugeln

Zutaten für 40 Portionen:

- 200 g Vollmilchschokolade
- 100 g Zartbitterschokolade
- 100 g Butter
- 100 g Puderzucker
- 4 EL Rum
- 100 g Schokoladenstreusel
- etwas Puderzucker für die Hände

Nährwertangaben pro Portion:

- Kalorien: 71 kcal
- Kohlenhydrate: 6 g
- Fett: 4,4 g
- Eiweiß: 0,6 g

Zubereitungszeit: 60 Minuten Arbeitszeit, 2 Stunden Kühlzeit

Zubereitung:

1. Im Wasserbad zerkleinerte Schokolade schmelzen.
2. Währenddessen die weiche Butter mit dem Puderzucker in einer Schüssel schaumig rühren. Etwas erkaltete Schokoladenmasse in die Butter geben und mit dem Rum vermischen.
3. Im Kühlschrank abgedeckt 1 Stunde auskühlen lassen. Dann mit der Gabel Bällchen abstechen und in mit Puderzucker bemehlten Händen zu Kugeln formen. In den Schokoladenstreuseln wälzen und noch mal für 1 Stunde kühlen.

46. Bärentatzen

Zutaten für 40 Portionen:

- 125 g Butter
- 125 g Puderzucker
- 1 TL Vanillezucker
- 1 Ei
- 1 Prise Salz
- 125 g Mehl
- 100 g Stärke
- 1 TL Backpulver
- 50 g Johannisbeergelee
- 80 g Zartbitter-Kuvertüre
- Spritztüte

Nährwertangaben pro Portion:

- Kalorien: 79 kcal
- Kohlenhydrate: 10 g
- Fett: 4 g
- Eiweiß: 0,8 g

Zubereitungszeit: 90 Minuten

Zubereitung:

1. Butter und Puderzucker mit dem Zucker schaumig rühren. Das Ei mit dem Salz hinzugeben und mit Mehl, Stärke und Backpulver vermischen.
2. Den Backofen auf 180 Grad Ober- und Unterhitze, 160 Grad Umluft, vorheizen.
3. Mit der Spritztüte (größere Tülle) auf das mit Backpapier ausgelegte Backblech flache Tatzen spritzen. Im Backofen für 10 – 12 Minuten goldbraun backen.
4. Erkalten lassen, Johannisbeergelee erhitzen, Kuvertüre im Wasserbad schmelzen. Jeweils zwei Kekse mit Gelee verkleben, eine Spitze davon in Kuvertüre tauchen und aushärten lassen.

47. Schokoladenbrezel

Zutaten für 60 Portionen:

- 125 g Butter
- 125 g Zucker
- 1 Päckchen Vanillezucker
- 1 Ei
- 1 Prise Salz
- 300 g Mehl
- 1 TL Backpulver
- 200 g Zartbitter-Kuvertüre

Nährwertangaben pro Portion:

- Kalorien: 56 kcal
- Kohlenhydrate: 0 g
- Fett: 2 g
- Eiweiß: 1 g

Zubereitungszeit: 120 Minuten

Zubereitung:

1. Butter in Würfel schneiden, mit Zucker und Vanillezucker vermischen, das Ei und das Salz dazugeben und alles mit dem Mehl am Handmixer und dann mit der Hand verkneten. Den Teig in Frischhaltefolie geben und 30 Minuten im Kühlschrank ruhen lassen.
2. Den Backofen auf 180 Grad Ober- und Unterhitze, 160 Grad Umluft, vorheizen. Ein Backblech mit Backpapier belegen.
3. Den Teig portionsweise entnehmen, jeweils ein kleines Stück Teig in die bemehlten Hände legen, rollen und aus einem gerollten Strang eine Brezel formen.
4. Im Backofen 10 – 12 Minuten goldgelb backen, erkalten lassen und großzügig mit im Wasserbad aufgelöster Kuvertüre überziehen. Ganz aushärten lassen und vom Backpapier abziehen.

48. Bethmännchen

Zutaten für 40 Portionen:

- 200 g Marzipan
- 1 Ei
- 40 g Puderzucker
- 1 EL Orangenabrieb
- 100 g gemahlene Mandeln (ohne Schale)
- 60 ganze Mandeln ohne Schale

Nährwertangaben pro Portion:

- Kalorien: 57 kcal
- Kohlenhydrate: 3 g
- Fett: 3,4 g
- Eiweiß: 2 g

Zubereitungszeit: 60 Minuten

Zubereitung:

1. Die Eier trennen, das Eiweiß steif schlagen.
2. Marzipan in einer Schüssel zerbröseln und den Puderzucker darübersieben, Orangenabrieb dazugeben, mit dem Handrührer vermixen.
3. Den Backofen auf 180 Grad Ober- und Unterhitze, 160 Grad Umluft, vorheizen. Ein Backblech mit Backpapier vorbereiten.
4. Die Mandeln zum Marzipan geben und alles zu einem festen Teig verkneten. Mit den Händen kleine Rollen formen, davon Kugeln abnehmen. Mit jeweils drei Mandelhälften die Kugeln von drei Seiten leicht nach oben drücken und auf das Backblech stellen. Vor dem Backen mit dem Eigelb bestreichen. Die Bethmännchen sind nach ca. 12 Minuten goldbraun gebacken.

49. Spitzbuben

Zutaten für 45 Portionen:

- 200 g Butter
- 150 g Zucker
- 1 Päckchen Vanillezucker
- 1 Ei
- 1 Prise Salz
- 1 TL Zitronenabrieb
- 100 g Mandeln
- 300 g Mehl
- 1 Msp. Backpulver
- 200 g Aprikosenkonfitüre
  Ausstechformen in verschiedenen Größen

Nährwertangaben pro Portion:

- Kalorien: 96 kcal
- Kohlenhydrate: 11 g
- Fett: 5 g
- Eiweiß: 1,4 g

Zubereitungszeit: 120 Minuten

Zubereitung:

1. Butter mit Zucker, Vanillezucker, Ei, Salz, Zitronenabrieb, Mandeln und Mehl zu einem Mürbeteig verarbeiten und 30 Minuten im Kühlschrank ruhen lassen.

2. Den Backofen auf 190 Grad Ober- und Unterhitze oder 170 Grad Umluft vorheizen.

3. Den Teig portionsweise ausrollen, runde größere Formen ausstechen. Die eine Hälfte der ausgestochenen Kekse mit einer zusätzlichen kleinen Form (Kreis, Stern oder Herz) in der Mitte ausstechen, dort, wo später die Marmelade sichtbar wird. Die Kekse 8 – 10 Minuten goldgelb backen, etwas auskühlen lassen.

4. Die Aprikosenmarmelade erhitzen und auf die untere Plätzchenhälfte streichen. Mit einem Loch-Plätzchen abdecken. Wer mag, kann das Plätzchen noch mit Puderzucker überstäuben. Gut durchziehen lassen.

50. Bremer Brot

Zutaten für 35 Portionen:

- 125 g Butter
- 2 Eier
- 100 g Rohrzucker
- 1 Msp. Nelkenpulver
- 1 ½ TL Zimt
- 2 EL Kakao, dunkel
- 125 g Mandeln
- 250 g Mehl
- ½ Päckchen Backpulver
- 200 g Puderzucker
- 1 Zitrone (Bio)

Nährwertangaben pro Portion:

- Kalorien: 97 kcal
- Kohlenhydrate: 12 g
- Fett: 4,5 g
- Eiweiß: 1,6 g

Zubereitungszeit: 90 Minuten, Ruhezeit über Nacht im Kühlschrank

Zubereitung:

1. Die Eier trennen, Eigelb in eine große Schüssel geben, Eiweiß schaumig rühren.
2. Butter, Zucker, Gewürze und Mandeln ins Ei geben, mit dem Knethaken vermixen und das Mehl mit dem Backpulver hinzugeben. Zum Schluss den Eischnee unterheben. Den Teig auf die Hälfte der Backblechgröße rollen und in Frischhaltefolie verpacken. Im Kühlschrank über Nacht ziehen lassen.
3. Am Verarbeitungstag den Teig aus dem Kühlschrank nehmen. Backofen auf 200 Grad Ober- und Unterhitze, 180 Grad Umluft, vorheizen. Teig auf das mit Backpapier ausgelegte Blech rollen und 15 Minuten auf der mittleren Schiene backen.
4. Herausnehmen und sofort in Würfel schneiden. Etwas Zitronenabrieb und 2 EL Zitronensaft mit dem Puderzucker vermischen und die noch warmen Brote glasieren.

51. Alpenbrot

Zutaten für 80 Portionen:

- 250 g Butter
- 250 g Zucker
- 1 Päckchen Vanillezucker
- 3 Eier
- 1 Msp. Zimt
- 1 Msp. Nelkenpulver
- 1 Msp. Kardamom
- 500 g Mehl
- 1 TL Backpulver
- 1 Zitrone (Bio)
- 200 g Puderzucker

Nährwertangaben pro Portion:

- Kalorien: 71 kcal
- Kohlenhydrate: 10 g
- Fett: 3 g
- Eiweiß: 1 g

Zubereitungszeit: 90 Minuten

Zubereitung:

1. Die Butter mit dem Zucker und Vanillezucker in einer Schüssel verkneten, die Eier und alle Gewürze hinzugeben und zum Schluss das Mehl einkneten.
2. Aus dem Teig 6 lange und 2 cm dicke Stränge formen und auf ein mit Backpapier ausgelegtes Backblech legen. Rollen etwas flach drücken. Ein weiteres Blech mit drei flachen Strängen belegen.
3. Im Backofen ca. 12 Minuten backen. In der Zwischenzeit die Zitrone waschen, die Schale abreiben und die Zitrone pressen. 2 EL Zitronensaft in den Puderzucker geben und etwas von der Zitronenschale einrühren.
4. Die fertigen Brote schräg in 2 cm dicke Scheiben schneiden und sofort glasieren. Die Schnitten sollten etwas ziehen, damit sie ihren vollen Geschmack erreichen.

52. Linzer Schnitten

Zutaten für 30 Portionen:

- 250 g Butter
- 2 Eier
- 1 Prise Salz
- 120 g Puderzucker
- 2 Msp. Lebkuchengewürz
- 80 g gemahlene Haselnüsse
- 4 EL Milch
- 400 g Mehl
- ½ TL Backpulver
- 350 g Johannisbeergelee

Nährwertangaben pro Portion:

- Kalorien: 179 kcal
- Kohlenhydrate: 21 g
- Fett: 9 g
- Eiweiß: 2,4 g

Zubereitungszeit: 90 Minuten

Zubereitung:

1. Die Butter in Würfel schneiden, mit 1 Ei und dem Puderzucker verkneten. Eine Prise Salz dazugeben, Lebkuchengewürz und Haselnüsse und 4 EL von der Milch einrühren. Noch mal kneten und dann das Mehl mit dem Backpulver dazugeben. Alles fest verkneten und den Teig für ca. 1 Stunde eingewickelt in den Kühlschrank stellen.

2. Den Backofen auf 200 Grad Ober- und Unterhitze oder 180 Grad Umluft vorheizen. Ein Backblech gut einfetten oder mit Backpapier auslegen.

3. Nun werden 2/3 vom Teig für den Boden der Schnitten ausgerollt und auf das Backblech gelegt. Mit der Gabel einstechen. Das restliche Drittel wird zu 2 cm breiten Streifen verarbeitet, dafür den Teig dünn rechteckig ausrollen und die Streifen mit dem Messer zurechtschneiden. Teig noch mal kurz in den Kühlschrank stellen.

4. Johannisbeergelee erwärmen und auftragen. Dann ein Gitter auflegen und mit Eigelb bestreichen. Für 18 Minuten auf der untersten Schiene backen, ganz auskühlen lassen und in Rauten schneiden.

53. Friesentaler

Zutaten für 40 Portionen:

- 125 g Butter
- 100 g Zucker
- 1 Päckchen Vanillezucker
- 30 g Mandeln
- 1 Ei
- 180 g Mehl
- ½ TL Backpulver
- 30 g Hagelzucker

Nährwertangaben pro Portion:

- Kalorien: 59 kcal
- Kohlenhydrate: 7 g
- Fett: 3,2 g
- Eiweiß: 0,8 g

Zubereitungszeit: 60 Minuten, 1 Stunde Kühlzeit

Zubereitung:

1. Aus Butter, Zucker, Vanillezucker, Mandeln, Ei, Mehl und Backpulver einen Mürbeteig rühren, in die Hände nehmen und gut verkneten. Den Teig in zwei Rollen formen und in Frischhaltefolie verpacken. Eine Stunde in den Kühlschrank legen.
2. Den Backofen auf 200 Grad Ober- und Unterhitze, 180 Grad Umluft, vorheizen. Ein Backblech mit Backpapier auslegen.
3. Die Rollen aus dem Kühlschrank nehmen. Hagelzucker auf einen Teller streuen und die Rollen darin wälzen. Mit dem Messer die gekühlte Rolle in Scheiben schneiden. Im Backofen für ca. 12 Minuten goldgelb backen.

54. Printen

Zutaten für 20 Portionen:

- 200 g Zucker
- 1 Päckchen Vanillezucker
- 3 Eier
- 1 Msp. Nelkenpulver
- 1 TL Zimt
- 75 g Zitronat
- 250 g gemahlene Haselnüsse
- ¼ TL Backpulver
- 20 kleine Oblaten (5 cm)
- 125 g Puderzucker oder Zartbitter-Kuvertüre

Nährwertangaben pro Portion:

- Kalorien: 175 kcal
- Kohlenhydrate: 21 g
- Fett: 9 g
- Eiweiß: 3,5 g

Zubereitungszeit: 90 Minuten

Zubereitung:

1. Zucker mit Vanillezucker und Eiern schaumig rühren, Gewürze hinzugeben und Zitronat fein hacken, dann auch hinzugeben. Zum Schluss Haselnüsse und Backpulver dazugeben.
2. Den Backofen auf 180 Grad Ober- und Unterhitze oder 160 Grad Umluft vorheizen.
3. Auf ein Backblech mit Backpapier die Printenmasse auf die Oblaten setzen und 15 – 20 Minuten goldbraun backen.
4. Ausgekühlte Printen mit Puderzucker-Glasur (auf 125 g 1 EL Wasser) oder im Wasserbad geschmolzener Zartbitter-Kuvertüre glasieren.

55. Nussecken

Zutaten für 48 Portionen:

- 375 g Butter
- 250 g Zucker
- 3 Päckchen Vanillezucker
- 2 Eier
- 300 g Mehl
- 1 TL Backpulver
- 150 g Aprikosenkonfitüre
- 200 g gemahlene Mandeln
- 200 g Mandelsplitter
- 200 g Zartbitter-Kuvertüre

Nährwertangaben pro Portion:

- Kalorien: 181 kcal
- Kohlenhydrate: 16 g
- Fett: 16 g
- Eiweiß: 3,4 g

Zubereitungszeit: 20 Minuten

Zubereitung:

1. Aus 125 g Butter, 100 g Zucker, 1 Päckchen Vanillezucker, den Eiern, Mehl und Backpulver einen Teigboden rühren.
2. Den Backofen vorheizen, Ober- und Unterhitzen 170 Grad, Umluft 150 Grad, und ein Backblech mit Backpapier vorbereiten.
3. Den Teig auf das Blech streichen, die Aprikosenkonfitüre gleichmäßig auf dem Teig verteilen. Die restliche Butter mit dem Zucker, zwei Päckchen Vanillezucker, den Mandeln und den Mandelsplittern in einem Topf karamellisieren lassen, etwas Wasser dazugeben, damit die Masse nicht zu fest wird.
4. Im Backofen 30 – 35 Minuten backen. Ganz auskühlen lassen und in 12 Quadrate schneiden. Die Quadrate diagonal vierteln und an den Spitzen in im Wasserbad aufgelöste Kuvertüre tauchen. Schokolade ganz aushärten lassen.

56. Pfefferkuchen

Zutaten für 10 Portionen:

- 75 g Butter
- 75 g Rohrzucker
- 75 g Zuckerrübensirup
- 1 Ei
- 1 EL Lebkuchengewürz
- 250 g Mehl
- 1 TL Natron

Nährwertangaben pro Portion:

- Kalorien: 73 kcal
- Kohlenhydrate: 0 g
- Fett: 4 g
- Eiweiß: 8 g

Zubereitungszeit: 90 Minuten, Ruhezeit über Nacht

Zubereitung:

1. Den Sirup mit dem Zucker und der Butter in einem Topf anwärmen, bis die Butter aufgelöst ist und alles sich vermischt hat.
2. Mehl, Natron und das Lebkuchengewürz in einer Schüssel vermischen und das Ei hineinrühren, dann die geschmolzene Butter hinzugeben und alles zu einem festen Teig verarbeiten. In Frischhaltefolie verpackt über Nacht im Kühlschrank ruhen lassen.
3. Am Verarbeitungstag den Backofen auf 180 Grad Ober- und Unterhitze, 160 Grad Umluft, vorheizen.
4. Zwei Backbleche mit Backpapier vorbereiten und den Teig auf einer bemehlten Fläche nicht zu dick ausrollen. Ausstechen und im Backofen ca. 7 Minuten backen.

57. Schmalzgebäck

Zutaten für 80 Portionen:

- 200 g Quark
- 1 Ei
- 6 EL Milch
- 100 g Zucker
- 1 Prise Salz
- 125 ml Sonnenblumenöl
- 400 g Mehl
- 1 Päckchen Backpulver
- 80 ml Brat-Öl (oder in der Fritteuse backen)
- 50 g Puderzucker

Nährwertangaben pro Portion:

- Kalorien: 48 kcal
- Kohlenhydrate: 5 g
- Fett: 3 g
- Eiweiß: 1 g

Zubereitungszeit: 90 Minuten

Zubereitung:

1. Alle Zutaten bis auf das Brat-Öl und den Puderzucker vermischen. Den Teig abgedeckt 1 Stunde im Kühlschrank gehen lassen.
2. Teig auf einer bemehlten Form ausrollen und mit einer runden Form kleine Taler stechen oder mit Teigroller kleine Quadrate rollern.
3. Topf mit Öl erhitzen und nach und nach frittieren. Vor dem Servieren mit Puderzucker bestreuen.

58. Einfache Trüffel

Zutaten für 60 Portionen:

- 300 g Vollmilch-Kuvertüre
- 200 g Zartbitter-Kuvertüre
- 125 ml Sahne
- 3 EL Rum oder Cognac
- 100 g Puderzucker

Nährwertangaben pro Portion:

- Kalorien: 65 kcal
- Kohlenhydrate: 8 g
- Fett: 3 g
- Eiweiß: 1 g

Zubereitungszeit: 60 Minuten Arbeitszeit, muss mehrere Stunden kühlen

Zubereitung:

1. Vollmilch-Kuvertüre im Wasserbad langsam schmelzen lassen, Sahne einrühren und mit Rum oder Cognac vermischen. Auskühlen lassen.
2. Die Masse für ca. 5 Stunden abgedeckt im Kühlschrank richtig durchkühlen.
3. Mit der Gabel abstechen und in Puderzucker wälzen, mit den Händen zu ca. 40 Kugeln formen. In der Zwischenzeit im Wasserbad die dunkle Kuvertüre schmelzen, mit einer Pralinengabel die Kugeln eintauchen und schließlich auf einer Platte auskühlen lassen.

Neue Kreationen

59. Pistazien-Kugeln

Zutaten für 80 Portionen:

- 125 g Butter
- 100 g Zucker
- 2 Eier
- 1 EL Orangenabrieb
- 250 g Mehl
- 100 g Zartbitter-Kuvertüre
- 1 TL Backpulver
- 1 Prise Salz
- 60 g Pistazien ohne Salz

Nährwertangaben pro Portion:

- Kalorien: kcal
- Kohlenhydrate: g
- Fett: 18 g
- Eiweiß: 25 g

Zubereitungszeit: 90 Minuten

Zubereitung:

1. Die Eier trennen. Die Kuvertüre grob würfeln und im Wasserbad schmelzen lassen. Butter hinzufügen und ebenfalls schmelzen lassen. 50 g Pistazien fein in der Küchenmaschine zerkleinern, die restlichen zum Dekorieren aufbewahren.
2. Den Zucker mit dem Eigelb und dem Orangenabrieb vermischen. Eine Prise Salz hinzugeben. Schokolade einlaufen lassen und umrühren. Pistazien einrühren und mit Mehl zu einem festen Teig verkneten. Den Teig in Frischhaltefolie für mindestens 30 Minuten in den Kühlschrank geben.
3. In der Zwischenzeit den Backofen auf 180 Grad Ober- und Unterhitze oder 160 Grad Umluft vorheizen. Die Pistazien auseinandernehmen und als Belag vorbereiten. 1 Eiweiß schlagen.
4. Aus dem gekühlten Teig kleine Kugeln formen und die Kugeln auf ein mit Backpapier ausgelegtes Backblech legen. Mit Eiweiß bestreichen und die Pistazien hineindrücken. Für ca. 12 Minuten im Backofen backen.

60. Avocado-Plätzchen

Zutaten für 20 Portionen:

- 350 g Dinkelmehl
- ½ Päckchen Backpulver
- 1 Prise Salz
- 200 g Zucker
- 1 Päckchen Vanillezucker
- 120 g Butter
- 1 Prise Zimt
- 1 Ei
- 1 Avocado
- 200 g Schokotropfen
- 100 g Cranberries

Nährwertangaben pro Portion:

- Kalorien: 177 kcal
- Kohlenhydrate: 24 g
- Fett: 8 g
- Eiweiß: 3 g

Zubereitungszeit: 45 Minuten

Zubereitung:

1. Den Ofen auf 180 Grad Ober- und Unterhitze, 165 Grad Umluft, vorheizen.
2. Butter mit Zucker schaumig schlagen und das Ei hinzugeben. Avocado auslösen, mit dem Zucker und dem Vanillezucker in einer Schüssel vermixen und ebenfalls hinzugeben. Mehl, Backpulver, Salz einrühren und zu einem Teig vermischen. Dann Schokotropfen und Cranberries grob unterheben.
3. Auf ein mit Backpapier ausgelegtes Backblech legen und 10 – 12 Minuten backen, bis die Kekse am Rand goldbraun werden.

61. Sesam-Kekse

Zutaten für 60 Portionen:

- 125 g Butter
- 200 g Rohrzucker
- 1 Päckchen Vanillezucker
- 1 Ei
- 250 g Mehl, Typ 1050
- 4 EL Milch
- 1 Msp. Muskat
- 1 Prise Salz
- 200 g Sesam

Nährwertangaben pro Portion:

- Kalorien: 84 kcal
- Kohlenhydrate: 9 g
- Fett: 4 g
- Eiweiß: 1,4 g

Zubereitungszeit: 60 Minuten

Zubereitung:

1. Den Backofen auf 180 Grad Ober- und Unterhitze, 160 Grad Umluft, vorheizen. Ein Backblech mit Backpapier auslegen.
2. Die Butter würfeln und mit Zucker und Vanillezucker vermischen, das Ei dazugeben und mit Mehl und Milch vermischen. Muskat und Salz hinzugeben und den Sesam einrieseln lassen. Den Teig noch mal durchmixen.
3. Mit einem Esslöffel vom Teig abnehmen und mit einem Teelöffel kleine Berge aufs Backblech schieben. Ca. 10 – 12 Minuten goldbraun backen.

62. Ingwer-Kekse

Zutaten für 60 Portionen:

- 125 g Butter
- 275 g Zucker
- 1 Päckchen Vanillezucker
- 4 Eier
- 200 g gemahlene Haselnüsse
- 50 g Zitronat
- 1 Zitrone (Bio)
- 125 g kandierter Ingwer
- 250 g Mehl
- ½ TL Backpulver
- 200 g Puderzucker

Nährwertangaben pro Portion:

- Kalorien: 203 kcal
- Kohlenhydrate: 18 g
- Fett: 11 g
- Eiweiß: 6 g

Zubereitungszeit: 90 Minuten

Zubereitung:

1. Den Backofen auf 180 Grad Ober- und Unterhitze oder 160 Grad Umluft vorheizen.
2. Die Zitrone waschen und die Schale auf einen Teller reiben. Ein Backblech mit Backpapier vorbereiten.
3. Weiche Butter mit Zucker und Vanillezucker schaumig schlagen. Die Eier hinzugeben. Haselnüsse einrühren, dann folgen fein gehacktes Zitronat, fein gehackter Ingwer und die Zitronenschale. Schließlich mit Mehl und Backpulver vermixen.
4. Die Masse auf das Backblech streichen. Im Backofen 20 – 25 Minuten backen. Nach dem Backen erkalten lassen, aus Puderzucker und dem Saft der Zitrone eine Glasur rühren und den Kekskuchen damit bestreichen. Wenn die Glasur ganz erkaltet ist, in Würfel schneiden.

63. Kürbis-Cookies

Zutaten für 50 Portionen:

- 250 g Hokkaidokürbis ohne Schale
- 1 EL Sahne
- 125 g Butter
- 150 g Rohrzucker
- 1 Päckchen Vanillezucker
- 1 Ei
- 1 Msp. Salz
- 1 EL Orangenabrieb
- 30 g Orangeat
- 30 g Zitronat
- 100 g Mandeln
- 250 g Mehl
- 2 TL Backpulver

Nährwertangaben pro Portion:

- Kalorien: 67 kcal
- Kohlenhydrate: 21 g
- Fett: 9 g
- Eiweiß: g

Zubereitungszeit: 60 Minuten

Zubereitung:

1. Kürbis waschen und würfen, in Wasser weich kochen, Wasser abgießen und Kürbis mit Sahne pürieren. Abkühlen.
2. Butter mit Zucker und Vanillezucker mit dem Handrührer vermixen, mit Ei, Orangenabrieb, fein gehacktem Orangeat und Zitronat vermischen, Salz hinzugeben, Mandeln, Mehl und Backpulver hinzugeben, dann den Kürbis unterheben. Alles richtig gut vermixen.
3. Den Backofen auf 180 Grad Ober- und Unterhitze oder 160 Grad Umluft vorheizen. Ein Backblech mit Backpapier vorbereiten. Teig in kleinen Mengen auf das Blech geben und 10 – 15 Minuten backen. Auf Wunsch mit orangefarbenem Zuckerguss aus Puderzucker, Lebensmittelfarbe und Orangensaft verzieren.

64. Mohn-Orangen-Kekse

Zutaten für 50 Portionen:

- 150 g Butter
- 100 g Zucker
- 1 Päckchen Vanillezucker
- 1 Orange (Bio)
- 200 g Mehl
- 100 g Mohn
- 1 TL Backpulver
- 150 g Zartbitter-Kuvertüre

Nährwertangaben pro Portion:

- Kalorien: 63 kcal
- Kohlenhydrate: 7 g
- Fett: 3 g
- Eiweiß: 1 g

Zubereitungszeit: 60 Minuten, 1 Stunde Kühlzeit

Zubereitung:

1. Weiche Butter mit dem Zucker vermischen. Orangen waschen und die Schale in den Zucker reiben, 1 EL Orangensaft einrühren. Die Eier hinzugeben, dann den Mohn und das Mehl mit dem Backpulver. Alles gut verkneten. Zwei Rollen aus dem Teig formen. In eine Frischhaltefolie gewickelt für 1 Stunde in den Kühlschrank geben.
2. Den Backofen auf 180 Grad Ober- und Unterhitze, 160 Grad Umluft, vorheizen. Backblech mit Backpapier belegen.
3. Die Kekse mit einem Messer von der ausgewickelten Rolle schneiden, aufs Backblech legen. Auf der mittleren Schiene 10 – 12 Minuten goldgelb backen.
4. Kekse ganz erkalten lassen. Die Kuvertüre im Wasserbad schmelzen. Schokolade in Streifen über die Kekse ziehen.

65. Matcha-Kekse

Zutaten für 40 Portionen:

- 150 g Butter
- 100 g Zucker
- 1 Päckchen Vanillezucker
- 1 Zitrone (Bio)
- 3 TL Matcha-Pulver
- 200 g Mehl
- 1 TL Backpulver

Nährwertangaben pro Portion:

- Kalorien: 51 kcal
- Kohlenhydrate: 6 g
- Fett: 3 g
- Eiweiß: 0,5 g

Zubereitungszeit: 60 Minuten, 2 Stunden Kühlzeit

Zubereitung:

1. Weiche Butter mit dem Zucker vermischen. Zitrone waschen und die Schale in den Zucker reiben, 1 EL Zitronensaft einrühren. Die Eier hinzugeben, dann das Matcha-Pulver und das Mehl mit dem Backpulver. Alles gut verkneten. Zwei Rollen aus dem Teig formen. In eine Frischhaltefolie gewickelt für zwei Stunden in den Kühlschrank geben.
2. Den Backofen auf 180 Grad Ober- und Unterhitze, 160 Grad Umluft, vorheizen. Backblech mit Backpapier belegen.
3. Die Kekse mit einem Messer von der ausgewickelten Rolle schneiden, aufs Backblech legen und 10 – 12 Minuten backen.

   Auf Wunsch mit dunkler Schokolade glasieren.

66. Quitten-Plätzchen

Zutaten für 60 Portionen:

- 125 g Butter
- 100 g Zucker
- 1 Päckchen Vanillezucker
- 3 Tropfen Bittermandel-Aroma
- 1 Ei
- 1 Prise Salz
- 250 g Mehl
- 500 g Marzipan
- 30 g Puderzucker
- 200 g Quittengelee

Nährwertangaben pro Portion:

- Kalorien: 60 kcal
- Kohlenhydrate: 16 g
- Fett: 3,4 g
- Eiweiß: 1 g

Zubereitungszeit: 60 Minuten Arbeitszeit, 30 Minuten Kühlzeit

Zubereitung:

1. Aus Butter, Zucker, Vanillezucker, Ei, Salz und Mehl einen Mürbeteig kneten. Den Teig zu einer Kugel formen und in Frischhaltefolie verpackt für 30 Minuten in den Kühlschrank geben.
2. Etwas Puderzucker verstreuen und den Marzipan darauf in Backblechgröße rollen.
3. Den Backofen auf 180 Grad Ober- und Unterhitze, 160 Grad Umluft, vorheizen. Das Backblech mit Backpapier versehen.
4. Mürbeteig dünn ins Backblech rollen, den Marzipan auflegen und mit ¾ vom Quittengelee bestreichen. Für 20 Minuten goldbraun backen. Das restliche Quittengelee erhitzen und auf den etwas ausgekühlten Teig streichen. Ganz auskühlen lassen und in Würfel schneiden.

67. Chili-Schokoladen-Plätzchen

Zutaten für 60 Portionen:

- 400 g Zartbitter-Kuvertüre
- 100 g Butter
- 3 Eier
- 250 g Zucker
- 1 Prise Salz
- 200 g Mehl
- 1 TL Backpulver
- ½ rote Chilischote

Nährwertangaben pro Portion:

- Kalorien: 71 kcal
- Kohlenhydrate: 11 g
- Fett: 2,4 g
- Eiweiß: 1,4 g

Zubereitungszeit: 60 Minuten Arbeitszeit, 1 Stunde Kühlzeit

Zubereitung:

1. 100 g Kuvertüre zur Seite legen, die restliche Menge zusammen mit der Butter im Wasserbad schmelzen.
2. Chili sehr fein hacken, in die Schokolade geben. Die Eier mit dem Zucker schaumig rühren, die Kuvertüre dazugeben und mit Mehl und Backpulver zu einem Teig rühren. Die Schüssel für ca. 1 Stunde in den Kühlschrank stellen.
3. Den Backofen auf 180 Grad Ober- und Unterhitze, 165 Grad Umluft, vorheizen. Ein Backblech mit Backpapier auslegen.
4. Die Keksmasse mit zwei Löffeln auf das Backblech legen, für 8 – 10 Minuten backen. Auskühlen lassen und mit der restlichen im Wasserbad aufgelösten Schokolade Streifen über die Plätzchen ziehen.

68. Espresso-Plätzchen

Zutaten für 50 Portionen:

- 150 g Butter
- 100 g Rohrzucker
- 1 Päckchen Vanillezucker
- 2 Eier
- 1 Prise Salz
- 250 g Mehl
- ½ TL Backpulver
- 100 g Macadamianüsse
- 3 EL Espresso
- 150 g Zartbitter-Kuvertüre

Nährwertangaben pro Portion:

- Kalorien: 77 kcal
- Kohlenhydrate: 8 g
- Fett: 4,6 g
- Eiweiß: 1,8 g

Zubereitungszeit: 60 Minuten

Zubereitung:

1. Die Macadamianüsse mit dem Messer zerhacken und 50 g von der Kuvertüre auf einen Teller reiben. Espresso kochen. Den Backofen auf 180 Grad Ober- und Unterhitze oder 160 Grad Umluft vorheizen.
2. Butter mit dem Rohrzucker, dem Zucker und dem Vanillezucker vermischen. Die Eier und den Espresso hinzugeben, Salz, Mehl und Backpulver hinzufügen. Alles zu einem glatten Teig vermixen. Macadamianüsse und die geriebene Schokolade einrühren.
3. Kleine Kugeln formen und mit etwas Abstand auf ein mit Backpapier ausgelegtes Backblech legen. 10 – 12 Minuten backen.
4. Nach dem Erkalten mit im Wasserbad geschmolzener Kuvertüre glasieren.

69. Mango-Plätzchen

Zutaten für 30 Portionen:

- 1 Mango, reif
- 125 g Butter
- 100 g Zucker
- 1 Päckchen Vanillezucker
- 120 g Haferlocken, zartschmelzend
- 185 g Mehl
- ½ Päckchen Backpulver

Nährwertangaben pro Portion:

- Kalorien: 88 kcal
- Kohlenhydrate: 12 g
- Fett: 3,6 g
- Eiweiß: 1,2 g

Zubereitungszeit: 60 Minuten

Zubereitung:

1. Die Mango schälen und das Fruchtfleisch entnehmen, würfeln und im Mixer pürieren.
2. Den Backofen auf 180 Grad Ober- und Unterhitze, 160 Grad Umluft, vorheizen. Ein Backblech mit Backpapier auslegen.
3. Butter und Zucker mit Vanillezucker vermischen, die Haferflocken einrühren und dann die Mango. Mehl und Backpulver dazugeben und alles gut durchmixen.
4. Mit zwei Löffeln kleine Teigberge auf das Backpapier setzen, genug Abstand lassen. Im Backofen 12 – 15 Minuten backen. Auskühlen lassen.

70. Schoko-Karamell

Zutaten für 70 Portionen:

- 300 g Butter
- 180 g Rohrzucker
- 1 Ei
- 175 g Mehl
- 3 EL Zuckerrübensirup
- 150 ml Sahne
- 100 g Mandelblättchen
- 200 g Zartbitter-Kuvertüre

Nährwertangaben pro Portion:

- Kalorien: 68 kcal
- Kohlenhydrate: 6 g
- Fett: 4,6 g
- Eiweiß: 0,8 g

Zubereitungszeit: 90 Minuten

Zubereitung:

1. 125 g Butter mit 75 g Rohrzucker und einem Ei vermischen, Mehl hinzugeben, alles verkneten. Den Teig in Frischhaltefolie gewickelt für 30 Minuten in den Kühlschrank stellen. In der Zwischenzeit den Backofen auf 180 Grad Ober- und Unterhitze, 160 Grad Umluft, vorheizen. Ein Backblech komplett einfetten und bemehlen.
2. Den Teig in das Backblech rollen und für 25 Minuten im Backofen goldbraun backen. Währenddessen in einem Topf die restliche Butter auflösen, den restlichen Rohrzucker und Zuckerrübensirup hinzugeben und karamellisieren, nach und nach Sahne und Mandelblättchen hinzugeben. Vorsichtig köcheln, bis die Masse fest wird.
3. Das Backblech aus dem Ofen nehmen, den Karamell aufstreichen und ganz erhärten lassen. Dann mit im Wasserbad aufgelöster Schokolade bestreichen und aushärten lassen. In kleine Rechtecke schneiden.

Cookies und Shortbread

71. Schokodrops-Cookies

Zutaten für 16 Portionen:

- 150 g Butter
- 100 g Zucker
- 80 g Rohrzucker
- 2 Päckchen Vanillezucker
- 1 Ei
- 180 g Mehl
- ½ TL Backpulver
- ½ TL Natron
- 50 g ganze Haselnüsse
- 50 g gehackte Haselnüsse
- 150 g Schokodrops

Nährwertangaben pro Portion:

- Kalorien: 246 kcal
- Kohlenhydrate: 24 g
- Fett: 15 g
- Eiweiß: 3,3 g

Zubereitungszeit: 45 Minuten

Zubereitung:

1. Den Backofen auf 175 Grad Ober- und Unterhitze, 160 Grad Umluft, vorheizen. Ein Backblech mit Backpapier vorbereiten.
2. Butter, Zucker, Rohrzucker und Vanillezucker schaumig rühren, das Ei hinzufügen. Mehl, Backpulver, Natron, Salz hinzugeben und mindestens 5 Minuten mixen. Zum Schluss folgen die Haselnüsse und die Schokodrops.
3. 12 – 14 Minuten im Backofen backen.

72. Orangen-Schoko-Cookies

Zutaten für 50 Portionen:

- 150 g Butter
- 175 g Zucker
- 1 Ei
- 250 g Mehl
- 1 TL Backpulver
- ½ TL Natron
- 100 g Zartbitter-Kuvertüre
- 1 Orange (Bio)

Nährwertangaben pro Portion:

- Kalorien: 65 kcal
- Kohlenhydrate: 8 g
- Fett: 3,3 g
- Eiweiß: 0,8 g

Zubereitungszeit: 80 Minuten

Zubereitung:

1. Den Backofen auf 180 Grad Ober- und Unterhitze, 160 Grad Umluft, vorheizen. Das Backblech mit Backpapier auslegen.
2. Zartbitter-Schokolade fein hacken, die Orange waschen, die Schale auf einen Teller reiben und dann auspressen.
3. Die Butter mit dem Zucker schaumig rühren. Orangenschale und -saft, Mehl, Backpulver und Natron dazugeben, alles mindestens 5 Minuten vermixen. Zum Schluss die Zartbitter-Stückchen unterrühren.
4. Kleine Portionen vom Teig abnehmen, zu Kugeln rollen und flach drücken, aufs Backblech legen.
5. Cookies ca. 12 – 15 Minuten goldbraun backen.

73. Marshmallow-Cookies

Zutaten für 50 Portionen:

- 150 g Butter
- 100 g Rohrzucker
- 50 g Zucker
- 1 Ei
- 250 g Mehl
- 1 TL Backpulver
- ½ TL Natron
- 100 g Zartbitter-Kuvertüre
- 80 g Mini-Marshmallows

Nährwertangaben pro Portion:

- Kalorien: 72 kcal
- Kohlenhydrate: 10 g
- Fett: 3 g
- Eiweiß: 0,8 g

Zubereitungszeit: 90 Minuten

Zubereitung:

1. Den Backofen auf 180 Grad Ober- und Unterhitze vorheizen, die Zartbitter-Schokolade klein hacken, die Marshmallows ggf. kleiner schneiden.
2. Butter, Rohrzucker, Zucker schaumig rühren, dann das Ei hinzugeben und Mehl, Backpulver und Natron dazugeben, alles mindestens 5 Minuten mit dem Handgerät vermixen. Schließlich die Schokolade und die Mini-Marshmallows unterheben.
3. Mit den Händen vom Teig kleine Portionen entnehmen und zu Kugeln rollen, auf das Backblech drücken.
4. Cookies 12 – 15 Minuten im Backofen fertig backen.

74. Walnuss-Cookies

Zutaten für 50 Portionen:

- 150 g Butter
- 100 g Rohrzucker
- 50 g Zucker
- ½ Vanilleschote
- 1 Ei
- 1 Msp. Salz
- 250 g Mehl
- 1 TL Backpulver
- ½ TL Natron
- 100 g Zartbitter-Kuvertüre
- 100 g Walnuss

Nährwertangaben pro Portion:

- Kalorien: 79 kcal
- Kohlenhydrate: 9 g
- Fett: 4,6 g
- Eiweiß: 1,1 g

Zubereitungszeit: 90 Minuten

Zubereitung:

1. Den Backofen auf 180 Grad Ober- und Unterhitze vorheizen. Die Zartbitter-Kuvertüre und die Walnüsse grob hacken. Das Mark der Vanilleschote entnehmen. Ein Backblech mit Backpapier vorbereiten.
2. Butter, Rohrzucker, Zucker schaumig rühren, Vanillemark hinzugeben, dann das Ei hinzugeben und Mehl, Backpulver und Natron dazugeben, alles mindestens 5 Minuten mit dem Handgerät vermixen. Schließlich die Schokolade und die Walnüsse untermischen.
3. Mit den Händen kleine Kugeln aus dem Teig formen und sie aufs Backblech drücken. 12 – 15 Minuten im Backofen fertig backen.

75. Salzbutter-Schoko-Cookies

Zutaten für 30 Portionen:

- 250 g Butter, gesalzen
- 100 g Zucker
- 1 Ei
- 300 g Mehl
- 100 g Schokodrops, dunkel
- 80 g weiße Schokolade

Nährwertangaben pro Portion:

- Kalorien: 144 kcal
- Kohlenhydrate: 14 g
- Fett: 9 g
- Eiweiß: 1,7 g

Zubereitungszeit: 60 Minuten, 2 Stunden Kühlzeit

Zubereitung:

1. Aus in Würfel geschnittener, kalter, gesalzener Butter mit Zucker, Ei und Mehl einen Mürbeteig kneten, mit den Händen zwei Rollen mit 4 cm Durchmesser formen und die Rollen für 2 Stunden in den Kühlschrank geben.
2. Vor dem Weiterverarbeiten den Backofen auf 180 Grad Ober- und Unterhitze vorheizen. Ein Backblech mit Backpapier auslegen.
3. Die Rollen portionsweise entnehmen und sofort in 1 cm dicke Scheiben schneiden. Sofort für 20 Minuten goldgelb backen. Wer mag, kann die Kekse nach dem Backen noch grob mit etwas hochwertigem Salz bestreuen.

76. Cream-Cheese-Cookies

Zutaten für 40 Portionen:

- 125 g Butter
- 150 g Zucker
- 1 Päckchen Vanillezucker
- 1 EL Zitronenschale
- 1 Ei
- 100 g Frischkäse
- 170 g Mehl
- 100 g weiße Schokolade
- 100 g Cranberries

Nährwertangaben pro Portion:

- Kalorien: 85 kcal
- Kohlenhydrate: 11 g
- Fett: 4,3 g
- Eiweiß: 1 g

Zubereitungszeit: 60 Minuten

Zubereitung:

1. Den Backofen auf 175 Grad Ober- und Unterhitze, 155 Grad Umluft, vorheizen. Ein Backblech mit Backpapier auslegen. Die weiße Schokolade hacken.
2. Weiche Butter mit Zucker und Vanillezucker, Zitronenschale und Ei schaumig rühren.
3. Den Frischkäse in die Teigmasse rühren, Mehl hinzufügen, alles gut verrühren. Zum Schluss folgen weiße Schokolade und Cranberries.
4. Mit der Gabel kleine Portion abstechen und auf das Blech legen, etwas flach drücken. Reicht für zwei Bleche. 10 Minuten im Ofen fertig backen.

77. Pecannuss-Cookies

Zutaten für 40 Portionen:

- 125 g Butter
- 100 g Zucker
- 1 Päckchen Vanillezucker
- 50 g brauner Zucker
- 1 Ei
- ¼ TL Salz
- 100 g Mehl
- 50 g Speisestärke
- ¼ TL Backpulver
- ½ TL Natron
- 100 g Schokotropfen
- 150 g Pecannüsse
- 80 g Zartbitter-Kuvertüre

Nährwertangaben pro Portion:

- Kalorien: 99 kcal
- Kohlenhydrate: 9 g
- Fett: 7 g
- Eiweiß: 1 g

Zubereitungszeit: 80 Minuten

Zubereitung:

1. Pecannüsse grob hacken. Den Backofen auf 180 Grad Ober- und Unterhitze, 160 Grad Umluft, vorheizen. Ein Backblech mit Backpapier vorbereiten.
2. Aus Butter, Zucker und Vanillezucker, Ei, Salz, Mehl, Speisestärke, Natron und Backpulver einen Teig rühren. Die Schokotopfen hineingeben, dann die Pecannüsse mit dem Teig vermixen.
3. Kleckse vom Teig auf das Backblech geben, genug Abstand lassen zwischen den Cookies. Im Backofen auf der mittleren Schiene ca. 20 Minuten backen. Zweites Blech belegen und in der Zwischenzeit die Kuvertüre im Wasserbad schmelzen.
4. Ausgekühlte Cookies mit Schokostreifen überziehen.

78. Lemon Curd-Cookies

Zutaten für 30 Portionen:

- 150 g Butter
- 220 g Puderzucker
- 2 Eier
- 1 Prise Salz
- 250 g Mehl
- ½ TL Backpulver
- ¼ TL Natron
- 100 g Frischkäse
- 100 g Lemoncurd

Nährwertangaben pro Portion:

- Kalorien: 123 kcal
- Kohlenhydrate: 15 g
- Fett: 6,2 g
- Eiweiß: 1,8 g

Zubereitungszeit: 60 Minuten Arbeitszeit, 2 Stunden Kühlzeit

Zubereitung:

1. Weiche Butter mit Puderzucker und 1 Ei schaumig rühren, danach Salz, Mehl, Backpulver und Natron dazugeben, alles zu einem festen, mürben Teig verkneten und in Frischhaltefolie gewickelt im Kühlschrank für 1 Stunde ruhen lassen.
2. Den Teig portionsweise entnehmen, ausrollen und runde Formen ausstechen. Das Backblech mit Backpapier belegen und den Backofen auf 180 Grad Ober- und Unterhitze oder 160 Grad Umluft vorheizen.
3. In die Mitte eines Keksteiges einen Klecks Frischkäse geben, Lemon Curd auftragen, mit einem zweiten Keks abdecken und die beiden Ränder gut befestigen. Ei aufschlagen und trennen. Mit dem Eigelb bestreichen.
4. Im Backofen mindestens 15 Minuten backen.

79. Chocolate-Cookies

Zutaten für 40 Portionen:

- 125 ml Sonnenblumenöl
- 125 g Rohrzucker
- 50 g Puderzucker
- 1 Ei
- 180 g Mehl
- 1 TL Backpulver
- ½ TL Natron
- 4 EL Kakaopulver
- 50 g Haselnüsse
- 200 g Schokotropfen, dunkel

Nährwertangaben pro Portion:

- Kalorien: 102 kcal
- Kohlenhydrate: 10 g
- Fett: 6 g
- Eiweiß: 1,6 g

Zubereitungszeit: 60 Minuten

Zubereitung:

1. Den Backofen auf 200 Grad Ober- und Unterhitze, 180 Grad Umluft, vorheizen. Ein Backblech mit Backpapier belegen.
2. Die Haselnüsse grob hacken.
3. Zucker und Öl verrühren, Ei, Mehl, Backpulver, Natron und Kakaopulver hinzugeben. Mit dem Mixer verrühren. Dann Haselnüsse und Schokotropfen hinzugeben.
4. Die Keksmasse mit Abständen aufs Backpapier geben und 10 Minuten backen.

80. Salzige Erdnuss-Kekse

Zutaten für 60 Portionen:

- 100 g Butter
- 100 g Erdnussbutter
- 100 g Rohrzucker
- 1 Vanillestange
- 1 Ei
- 200 g Mehl
- 2 TL Backpulver
- 100 g salzige Erdnüsse

Nährwertangaben pro Portion:

- Kalorien: kcal
- Kohlenhydrate: 8 g
- Fett: 20 g
- Eiweiß: 14 g

Zubereitungszeit: 50 Minuten

Zubereitung:

1. Den Backofen auf 180 Grad Ober- und Unterhitze oder 160 Grad Umluft vorheizen. Ein mit Backpapier ausgelegtes Backblech vorbereiten.
2. Weiche Butter in eine Schüsse geben, mit der Erdnussbutter und dem Zucker vermischen. Das Ei hinzugeben und mit Mehl samt Backpulver zu einem festen Teig rühren.
3. Mit bemehlten Händen kleine Kugeln und aufs Backpapier drücken. Die salzigen Erdnüsse auf die Kugeln streuen. Genug Platz zwischen den Kugeln lassen. Im Backofen ca. 15 Minuten backen.

81. Shortbread

Zutaten für 30 Portionen:

- 125 g Butter
- 40 g Zucker
- 50 g Puderzucker
- 2 Päckchen Vanillezucker
- 1 Orange (Bio)
- 1 Prise Salz
- 225 g Mehl

Nährwertangaben pro Portion:

- Kalorien: 67 kcal
- Kohlenhydrate: 8 g
- Fett: 3,4 g
- Eiweiß: 0,7 g

Zubereitungszeit: 50 Minuten, 2 Stunden Kühlzeit

Zubereitung:

1. Die weiche Butter mit dem Zucker, Puderzucker und Vanillezucker schaumig rühren. Die Orange waschen und die Schale in den Teig reiben. Eine Prise Salz hinzugeben und mit Mehl zu einem festen Teig verkneten. Den Teig in Frischhaltefolie wickeln und 2 Stunden im Kühlschrank ruhen lassen.
2. Den Backofen auf 160 Grad Ober- und Unterhitze vorheizen.
3. Teig in eine gefettete und bemehlte Ofenform streichen, mit der Gabel von oben angefangen kleine Löcher in kleinen Abständen einbringen. 20 Minuten backen.
4. Goldgelb aus dem Ofen nehmen. Sofort in die gewünschte Finger-Form schneiden und einzuckern.

82. Karamell-Shortbread

Zutaten für 30 Portionen:

- 150 g Butter
- 40 g Zucker
- 50 g brauner Zucker
- 50 g Puderzucker
- 2 Päckchen Vanillezucker
- 1 Orange (Bio)
- 1 Prise Salz
- 225 g Mehl
- 200 ml Milchmädchen
- 100 g Vollmilch-Kuvertüre
- 50 g Zartbitter-Kuvertüre

Nährwertangaben pro Portion:

- Kalorien: 138 kcal
- Kohlenhydrate: 17 g
- Fett: 6,4 g
- Eiweiß: 1,7 g

Zubereitungszeit: 50 Minuten, 2 Stunden Kühlzeit

Zubereitung:

1. 125 g weiche Butter mit dem Zucker, Puderzucker und Vanillezucker schaumig rühren. Die Orange waschen und die Schale in den Teig reiben. Eine Prise Salz hinzugeben und mit Mehl zu einem festen Teig verkneten. Den Teig in Frischhaltefolie wickeln und 2 Stunden im Kühlschrank ruhen lassen.
2. Den Backofen auf 160 Grad Ober- und Unterhitze vorheizen. Teig in eine gefettete und bemehlte Ofenform streichen, mit der Gabel von oben angefangen kleine Löcher in kleinen Abständen einbringen. 20 Minuten backen.
3. In einem Topf 25 g Butter zerlassen und darin den braunen Zucker auflösen. Nach und nach die Milchmädchen hinzugeben und langsam unter Rühren karamellisieren. Auf den ausgekühlten Boden streichen.
4. Sobald die Schicht abgekühlt ist, die Schokolade im Wasserbad auflösen und über das Shortbread streichen. Auskühlen lassen und in Form schneiden.

83. Lemon Shortbread

Zutaten für 20 Portionen:

- 125 g Butter
- 40 g Zucker
- 250 g Puderzucker
- 1 Päckchen Vanillezucker
- 1 Zitrone (Bio)
- 1 Prise Salz
- 225 g Mehl

Nährwertangaben pro Portion:

- Kalorien: 146 kcal
- Kohlenhydrate: 23 g
- Fett: 5,3 g
- Eiweiß: 1,1 g

Zubereitungszeit: 50 Minuten, 2 Stunden Kühlzeit

Zubereitung:

1. Die weiche Butter mit dem Zucker, 50 Puderzucker und Vanillezucker schaumig rühren. Die Zitrone waschen und die Schale in den Teig reiben, aber etwas davon zum Dekorieren aufbewahren. Eine Prise Salz hinzugeben und mit Mehl zu einem festen Teig verkneten. Den Teig zu einer Rolle formen, in Frischhaltefolie wickeln und 2 Stunden im Kühlschrank ruhen lassen.
2. Den Backofen auf 190 Grad Ober- und Unterhitze vorheizen.
3. Mit einem scharfen Messer 8 mm dicke Scheiben von der Rolle scheiden und auf ein mit Backpapier ausgelegtes Backblech legen.
4. Die Kekse nach 7 – 8 Minuten goldgelb aus dem Ofen nehmen. Puderzucker mit dem Saft der Zitrone und etwas Wasser mischen und sofort auf die Kekse auftragen. Mit Zitronenschale fein dekorieren.

84. Ginger Shortbread

Zutaten für 30 Portionen:

- 125 g Butter
- 40 g Zucker
- 50 g Puderzucker
- 2 Päckchen Vanillezucker
- 1 Orange (Bio)
- 50 g kandierter Ingwer
- 1 Prise Salz
- 225 g Mehl

Nährwertangaben pro Portion:

- Kalorien: 72 kcal
- Kohlenhydrate: 9 g
- Fett: 34 g
- Eiweiß: 0,7 g

Zubereitungszeit: 50 Minuten, 2 Stunden Kühlzeit

Zubereitung:

1. Die weiche Butter mit dem Zucker, Puderzucker und Vanillezucker schaumig rühren. Die Orange waschen und die Schale in den Teig reiben. Den Ingwer fein hacken und untermischen. Eine Prise Salz hinzugeben und mit Mehl zu einem festen Teig verkneten. Den Teig in Frischhaltefolie wickeln und 2 Stunden im Kühlschrank ruhen lassen.
2. Den Backofen auf 160 Grad Ober- und Unterhitze vorheizen.
3. Teig in eine gefettete und bemehlte Ofenform streichen, mit der Gabel von oben angefangen kleine Löcher in kleinen Abständen einbringen. 20 Minuten backen.
4. Goldgelb aus dem Ofen nehmen. Sofort in die gewünschte Finger-Form schneiden und einzuckern.

Köstlichkeiten aus Nordeuropa

85. Kalter-Hund-Kekse

Zutaten für 40 Portionen:

- 500 g Butterkekse
- 180 g Butter
- 3 EL Kakaopulver, dunkel
- 100 g Zucker
- 1 Päckchen Vanillezucker
- 80 ml Milch
- 2 Eier

Nährwertangaben pro Portion:

- Kalorien: 114 kcal
- Kohlenhydrate: 10 g
- Fett: 7 g
- Eiweiß: 2 g

Zubereitungszeit: 25 Minuten Arbeitszeit, 4 Stunden Kühlzeit

Zubereitung:

1. Die Butterkekse zerbröseln, dabei nicht zu krümelig werden. Die Butter in einen Topf geben und langsam zerlassen. Zucker, Vanillezucker und Kakao hinzugeben und mit Milch und Ei vermischen.
2. Etwas abkühlen lassen und die Masse über die Butterkekse geben. Mit den Händen eine Rolle oder Wurst formen und in Frischhaltefolie wickeln, 4 Stunden im Kühlschrank ruhen lassen. Mit einem Messer die kalten Kekse abschneiden und servieren.

86. Prjaniki – Russische Lebkuchen

Zutaten für 80 Portionen:

- 150 g Zucker
- 2 Päckchen Vanillezucker
- 2 Eier
- 250 g Quark
- 125 ml Sonnenblumenöl
- 80 ml Milch
- 400 g Mehl
- 1 Päckchen Backpulver
- 250 g Puderzucker

Nährwertangaben pro Portion:

- Kalorien: 55 kcal
- Kohlenhydrate: 9 g
- Fett: 1,8 g
- Eiweiß: 0,8 g

Zubereitungszeit: 80 Minuten

Zubereitung:

1. Den Backofen auf 180 Grad Ober- und Unterhitze, 160 Grad Umluft, vorheizen. Das Backblech mit Backpapier auslegen.
2. Die Eier trennen.
3. Das Eigelb mit dem Zucker und Vanillezucker schaumig rühren, dann Quark, Sonnenblumenöl und Milch dazugeben, schließlich Mehl und Backpulver einrühren.
4. Den Teig auf einer bemehlten Arbeitsfläche ausrollen und mit einer runden Form die Lebkuchen ausstechen (ca. 3 – 4 cm Durchmesser). Im Backofen 10 – 12 Minuten fertigbacken und anschließend mit Puderzucker und Wasser (2 EL auf 250 g) oder Puderzucker und 1 geschlagenem Eiweiß glasieren. Ganz trocknen lassen.

87. Süße Piroggen

Zutaten für 15 Portionen:

- 4 Scheiben Blätterteig
- 1 Ei
- 100 g Erdbeermarmelade

Nährwertangaben pro Portion:

- Kalorien: 60 kcal
- Kohlenhydrate: 7 g
- Fett: 3,2 g
- Eiweiß: 0,4 g

Zubereitungszeit: 30 Minuten

Zubereitung:

1. Den Blätterteig auftauen. Backofen auf 200 Grad Ober- und Unterhitze vorheizen. Ein Backblech mit Backpapier auslegen.
2. Kurz bevor die Teige ganz aufgetaut sind, mit einem kleinen Glas den Blätterteig ausstechen. Das Ei trennen.
3. Etwas Marmelade in die Mitte des Teigs geben. Die Kreise einfalten, die Ränder andrücken und mit Eigelb bestreichen. Auch die Teigreste verwerten. 10 – 12 Minuten im Backofen goldbraun backen. Abkühlen lassen.

88. Russisch Brot

Zutaten für 50 Portionen:

- 4 Eiweiß
- 1 Prise Salz
- 1 Msp. Zimt
- 1 EL Kakaopulver, dunkel
- 150 g Zucker
- 1 Päckchen Vanillezucker
- 150 g Mehl
- Spritztüte

Nährwertangaben pro Portion:

- Kalorien: 26 kcal
- Kohlenhydrate: 5 g
- Fett: 0,1 g
- Eiweiß: 0,7 g

Zubereitungszeit: 90 Minuten

Zubereitung:

1. Das Eiweiß mit dem Salz steif schlagen. Den Zimt, den Kakao und nach und nach den Zucker einrühren. Ganz zum Schluss das Mehl einrühren. Teig in Spritztüte füllen (feine, runde Tülle) und Buchstaben nach Wunsch spritzen. Den Teig vor dem Backen 15 Minuten an einem kalten Ort ruhen lassen.
2. Den Backofen in der Zwischenzeit auf 160 Grad Ober- und Unterhitze, 140 Grad Umluft, vorheizen.
3. Die Kekse 10 Minuten knusprig backen und lösen, sobald sie abgekühlt sind. Beim Lagern die Dose sehr gut verschließen.

89. Holländische Sirupwaffeln

Zutaten für 15 Portionen:

- 135 g Butter
- 80 g Rohrzucker
- 1 Prise Salz
- 1 Ei
- 1 TL Zimtpulver
- 200 g Mehl
- 75 g Honig
- Waffeleisen (am besten für Eis)
  extra Butter fürs Waffeleisen

Nährwertangaben pro Portion:

- Kalorien: 150 kcal
- Kohlenhydrate: 19 g
- Fett: 7,5 g
- Eiweiß: 2 g

Zubereitungszeit: 60 Minuten

Zubereitung:

1. 100 g von der Butter mit dem Zucker und dem Salz verrühren, Ei, Zimt und Mehl hinzugeben. Das Waffeleisen erhitzen.
2. In einem Topf Butter auflösen und mit dem Honig vermischen.
3. Aus dem Teig kleine Kugeln formen und nach und nach für ca. 90 Sekunden im gebutterten Waffeleisen zu einer festen Waffel werden lassen.
4. Zwischenzeitlich immer je eine Waffel mit dem Honig einstreichen und mit einer zweiten Waffel belegen. Die Waffeln noch mindestens 1 Stunde ziehen lassen.

90. Norwegische Plätzchen

Zutaten für 40 Portionen:

- 100 g Butter
- 100 ml Sonnenblumenöl
- 250 g Zucker
- 1 TL Kardamom
- 1 TL Zimt
- 50 g Haferflocken, zartschmelzend
- 200 g Mehl
- 1 TL Backpulver
- 2 EL Milch

Nährwertangaben pro Portion:

- Kalorien: 88 kcal
- Kohlenhydrate: 10 g
- Fett: 4,7 g
- Eiweiß: 0,7 g

Zubereitungszeit: 60 Minuten

Zubereitung:

1. Den Backofen auf 160 Grad Ober- und Unterhitze, 140 Grad Umluft, vorheizen. Ein Backblech mit Backpapier auslegen.
2. Die weiche Butter mit Zucker schaumig schlagen und Sonnenblumenöl hinzugeben. Kardamom und Zimt hinzugeben, dann Haferflocken, Mehl und Backpulver einrühren. Teig mit etwas Milch geschmeidig kneten.
3. Vom Teig kleine Portionen entnehmen, zu Kugeln rollen und flach auf das Backpapier drücken.
4. Im Backofen 15 – 20 Minuten goldbraun backen.

91. Finnischer Pfefferkuchen

Zutaten für 80 Portionen:

- 200 g Butter
- 250 g Zucker
- 125g Zuckerrübensirup
- 1 TL Zimt
- ½ TL Kardamom
- ½ TL Ingwerpulver
- 100 g Orangeat, Zitronat und Kirschen
- 2 Eier
- 450 g Mehl
- 1 ½ TL Natron
- 50 ml Sahne

Nährwertangaben pro Portion:

- Kalorien: 63 kcal
- Kohlenhydrate: 9 g
- Fett: 2,5 g
- Eiweiß: 0,8 g

Zubereitungszeit: 90 Minuten, Kühlzeit über Nacht

Zubereitung:

1. Butter mit Zucker, Zuckerrübensirup und Gewürzen schmelzen lassen, kurz aufkochen. Fein gewürfelte, kandierte Früchte dazugeben. Vom Herd nehmen. Die Eier, Mehl und Natron zufügen. Alles gut vermischen und verkneten. Wenn der Teig zu fest ist, Sahne hinzugeben. Den Teig in einer Schüssel in den Kühlschrank geben.
2. Anderntags den Backofen auf 200 Grad Ober- und Unterhitze oder 180 Grad Umluft vorheizen. Backblech mit Backpapier vorbereiten.
3. Die Lebkuchen in den gewünschten Formen dünn ausstechen und mehrere Bleche backen. Die Lebkuchen brauchen ca. 10 Minuten im Backofen.

92. Schwedische Haferkekse

Zutaten für 50 Portionen:

- 200 ml Sonnenblumenöl
- 225 g Zucker
- 1 Orange (Bio)
- 150 g Haferflocken, kernig
- 225 g Mehl
- 1 TL Backpulver
- 50 g Zartbitter-Kuvertüre

Nährwertangaben pro Portion:

- Kalorien: 85 kcal
- Kohlenhydrate: 10 g
- Fett: 4,3 g
- Eiweiß: 0,8 g

Zubereitungszeit: 80 Minuten

Zubereitung:

1. Den Backofen auf 180 Grad Ober- und Unterhitze, 160 Grad Umluft, vorbereiten. Ein Backblech mit Backpapier auslegen.
2. Die Orange abwaschen, reiben und auspressen.
3. Das Öl mit dem Zucker schaumig rühren, den Orangenabrieb, 1 EL Orangensaft und die Haferflocken hinzugeben. Das Mehl und das Backpulver einrühren. Alles zu einem festen Teig vermischen und in kleinen Portionen auf das Backblech legen, mit der Gabel etwas flach drücken.
4. Im Backofen für 8 – 10 Minuten backen. Auskühlen lassen und mit im Wasserbad geschmolzener Schokolade kleine Streifen über die Kekse ziehen. Aushärten lassen.

93. Dänisches Buttergebäck

Zutaten für 60 Portionen:

- 225 g Butter
- 130 g Puderzucker
- 1 Vanilleschote
- 1 Ei
- 300 g Mehl
- Spritzbeutel

Nährwertangaben pro Portion:

- Kalorien: 55 kcal
- Kohlenhydrate: 6 g
- Fett: 3,2 g
- Eiweiß: 0,6

Zubereitungszeit: 60 Minuten

Zubereitung:

1. Den Backofen auf 200 Grad Ober- und Unterhitze, 180 Grad Umluft, vorheizen. Zwei Backbleche mit Backpapier auslegen.
2. Das Mark aus der Vanilleschote heben.
3. Die weiche Butter langsam mit dem Puderzucker verrühren, das Ei hinzugeben und mit Mehl gründlich verrühren.
4. Einen Spritzbeutel (mit Sternchentülle) füllen und Kringel nebeneinander auf das Backblech setzen. 8 – 10 Minuten goldgelb backen.

94. Schwedische Ingwer-Mandel-Kekse

Zutaten für 80 Portionen:

- 150 g Butter
- 150 g Zucker
- 150 g Heller Sirup
- 1 ½ TL Ingwerpulver
- 1 Ei
- 100 Mandeln ohne Haut, gemahlen
- 400 g Mehl
- ½ TL Backpulver
- 1 TL Natron

Nährwertangaben pro Portion:

- Kalorien: 53 kcal
- Kohlenhydrate: 7 g
- Fett: 2,3 g
- Eiweiß: 0,9 g

Zubereitungszeit: 90 Minuten, Kühlzeit über Nacht

Zubereitung:

1. Butter im Topf zerlassen, darin Zucker und Sirup auflösen. Den Ingwer hinzugeben. Vom Herd nehmen. Das Ei mit dem Teig vermischen und Mandeln, Mehl, Backpulver und Natron zugeben. Den Teig fest verkneten und über Nacht im Kühlschrank ruhen lassen.
2. Am Verarbeitungstag den Backofen auf 200 Grad Ober- und Unterhitze, 180 Grad Umluft, vorheizen. Backbleche mit Backpapier auslegen.
3. Den Teig dünn ausrollen und ausstechen. Die Plätzchen 8 Minuten backen und auskühlen lassen.

95. Mint-Taler

Zutaten für 80 Portionen:

- 1 Eiweiß
- 450 g Puderzucker
- 1 TL Zitronensaft
- 15 Tropfen Pfefferminzöl
- 250 Zartbitter-Kuvertüre

Nährwertangaben pro Portion:

- Kalorien: 35 kcal
- Kohlenhydrate: 9 g
- Fett: 0,3 g
- Eiweiß: 0,4 g

Zubereitungszeit: 40 Minuten

Zubereitung:

1. Das Eiweiß steif schlagen. Puderzucker in eine Schüssel sieben, Zitronensaft und Pfefferminzöl einrühren. Das Eiweiß unterheben und alles zu einer festen Paste vermischen.
2. Die Kuvertüre im Wasserbad schmelzen.
3. Die Paste auf Puderzucker ausrollen, mit einem kleinen Glas ausstechen und kurz in die Kuvertüre tauchen. Zum Trocknen auf ein Kuchengitter legen.

96. Fudge

Zutaten für 60 Portionen:

- 50 g Butter
- 350 ml Milchmädchen
- 50 g Cashewnüsse
- 350 g Zartbitter-Kuvertüre

Nährwertangaben pro Portion:

- Kalorien: 53 kcal
- Kohlenhydrate: 7 g
- Fett: 6 g
- Eiweiß: 1 g

Zubereitungszeit: 45 Minuten Arbeitszeit, 2 Stunden Kühlzeit

Zubereitung:

1. Die Cashewnüsse grob hacken und in der Pfanne rösten. Eine feuerfeste Form in der Größe eines halben Backbleches einfetten.
2. Die Schokolade mit den Milchmädchen und der Butter in einem Topf auflösen, die Cashewnüsse hinzugeben. Immer wieder rühren. Sobald die Konsistenz sich ändert und fester wird, die Masse in die Form geben, etwas abkühlen lassen und für mindestens 2 Stunden im Kühlschrank auskühlen lassen. In kleine, appetitliche Würfel schneiden.

97. Flapjack (britische Haferschnitten)

Zutaten für 40 Portionen:

- 225 g Haferflocken, zartschmelzend
- 75 g Rohrzucker
- 150 g Butter
- 3 Karamellbonbons
- 80 g Zartbitter-Kuvertüre

Nährwertangaben pro Portion:

- Kalorien: 90 kcal
- Kohlenhydrate: 7 g
- Fett: 3,7 g
- Eiweiß: 1 g

Zubereitungszeit: 50 Minuten

Zubereitung:

1. Den Backofen auf 160 Grad Ober- und Unterhitze, 140 Grad Umluft, vorheizen. Ein Backblech sehr gut fetten und bemehlen.
2. Die Haferflocken in einem Topf zusammen mit der Butter, dem Rohrzucker und dem Karamell schmelzen. Den Teig mit den Händen auf das Blech drücken und 15 Minuten hellbraun backen.

Aus dem Ofen nehmen, sofort in keine Quadrate schneiden. Auskühlen lassen. Im Wasserbad Kuvertüre schmelzen und Streifen über die Schnitten ziehen. Ganz erkalten lassen.

98. Belgische Kekse

Zutaten für 40 Portionen:

- 100 g Butter
- 50 g Rohrzucker
- 150 g heller Sirup
- 1 Prise Salz
- ½ TL Zimt
- 1 Msp. Nelkenpulver
- 250 g Mehl
- ½ Päckchen Backpulver

Nährwertangaben pro Portion:

- Kalorien: 58 kcal
- Kohlenhydrate: 6 g
- Fett: 3,3 g
- Eiweiß: 1 g

Zubereitungszeit: 50 Minuten, Ruhezeit ca. 3 Stunden oder über Nacht

Zubereitung:

1. Die weiche Butter mit Zucker und Sirup verrühren, Salz hinzugeben, mit Zimt und Nelkenpulver würzen, Mehl und Backpulver einkneten.
2. Alles zu einem festen Teig verarbeiten und den Teig zu einer Rolle formen. In Frischhaltefolie wickeln und auf der Arbeitsplatte zu einem Quader schlagen. Für 3 Stunden oder über Nacht im Kühlschrank ruhen lassen.
3. Am Verarbeitungstag den Backofen auf 180 Grad Ober- und Unterhitze oder 160 Grad Umluft vorheizen.
4. Den Teig auswickeln, mit einem scharfen Messer die Kekse auftrennen und auf ein mit Backpapier ausgelegtes Backblech legen.
5. Die Kekse 10 – 12 Minuten backen.

99. Französische Madeleines

Zutaten für 20 Portionen:

- 125 g Butter
- 4 Eier
- 150 g Puderzucker
- 1 Päckchen Vanillenzucker
- 125 g Mehl
- ½ TL Backpulver
- Madeleine-Backformen

Nährwertangaben pro Portion:

- Kalorien: 117 kcal
- Kohlenhydrate: 12 g
- Fett: 6,6 g
- Eiweiß: 2,2 g

Zubereitungszeit: 50 Minuten

Zubereitung:

1. Den Backofen auf 200 Grad Ober- und Unterhitze, 180 Grad Umluft, vorheizen. Ein Backblech mit Backpapier auslegen.
2. Die Eier trennen. Eiweiß steif schlagen. Eigelb mit weicher Butter schaumig rühren, dann Puderzucker, Vanillezucker und Mehl dazugeben. Eiweiß unterheben. Teig kurz ins Kühlfach stellen.
3. Die Formen einfetten und den Teig einfüllen. 10 – 12 Minuten backen. Alternativ in Muffinformen füllen.

100. Sablés Bretons

Zutaten für 45 Portionen:

- 125 g Butter
- 175 g Zucker
- 2 Eigelb
- 1 Vanilleschote
- 1 Msp. Salz
- 30 g Mandeln, blanchiert und gemahlen
- 250 g Mehl
- 1 Päckchen Backpulver

Nährwertangaben pro Portion:

- Kalorien: 70 kcal
- Kohlenhydrate: 9 g
- Fett: 3 g
- Eiweiß: 0,8 g

Zubereitungszeit: 60 Minuten, Ruhezeit im Kühlschrank über Nacht

Zubereitung:

1. Butter, Zucker und 1 Eigelb miteinander vermischen. Die Vanilleschote aufschneiden und das Mark herausholen. Zum Eigelb geben. Salz, Mandeln, Mehl und Backpulver hinzugeben. Mit den Händen zu einem Mürbeteig kneten und den Teig in Frischhaltefolie verpacken. Über Nacht im Kühlschrank aufbewahren.
2. Am Verarbeitungstag den Backofen auf 180 Grad Ober- und Unterhitze oder 160 Grad Umluft vorheizen. Das Backblech mit Backpapier belegen.
3. Den Teig auf einer bemehlten Arbeitsplatte ausrollen, mit einer runden, geriffelten Form ausstechen und auf das Backpapier legen. Mit dem dritten Eigelb bestreichen und ca. 15 Minuten goldgelb backen.

Mediterrane Plätzchen

101. Mandarinenplätzchen

Zutaten für 40 Portionen:

- 80 g Butter
- 150 g Zucker
- 2 Eier
- 45 g Mandarinenmarmelade
- 180 g Mehl
- 1 ½ TL Backpulver
- 5 Mandarinen (Bio)

Nährwertangaben pro Portion:

- Kalorien: 55 kcal
- Kohlenhydrate: 9 g
- Fett: 2 g
- Eiweiß: 0,8 g

Zubereitungszeit: 80 Minuten

Zubereitung:

1. Die Butter mit dem Zucker schaumig rühren. Ein Ei dazugeben, das andere für später aufbewahren. Die Mandarinenmarmelade einrühren (wenn keine zu kaufen ist, aus 500 g Mandarinen, 400 g Zucker und dem Saft einer Zitrone die Marmelade selbst aufkochen). Schließlich das Mehl mit dem Backpulver hinzufügen.
2. Den Backofen auf 180 Grad Ober- und Unterhitze, 160 Grad Umluft, vorheizen. Ein Backblech mit Backpapier belegen.
3. Das zweite Ei trennen.
4. Mit einem sehr scharfen Messer die Bio-Mandarinen waschen, schälen und in feine Scheiben schneiden. Den Teig mit zwei Löffeln auf das Backblech drücken, mit Eigelb bestreichen und den Mandarinenscheiben garnieren.
5. Die Plätzchen 10 – 12 Minuten im Backofen goldbraun backen.

102. Quittenwürfel

Zutaten für 60 Portionen:

- 1 kg Quitten
- 800 g Zucker
- 1 Zitrone (Bio)

Nährwertangaben pro Portion:

- Kalorien: 59 kcal
- Kohlenhydrate: 14 g
- Fett: 0 g
- Eiweiß: 0 g

Zubereitungszeit: 180 Minuten

Zubereitung:

1. Die Quitten schälen und das Kerngehäuse entfernen. Mit etwas Wasser ca. 20 Minuten weich kochen.
2. Die gleiche Menge Quitten wie Zucker mit dem Saft und etwas Schale der Zitrone für eine Stunde auf niedriger Stufe einkochen. Den Backofen auf 50 Grad vorheizen.
3. Eine große, feuerfeste Form mit Backpapier auslegen, das Quittengelee hineinstreichen und 1 Stunde trocknen lassen. Auskühlen lassen, in Würfel schneiden und im Kühlschrank aufbewahren.

103. Dattelwürfel

Zutaten für 80 Portionen:

- 250 g Datteln
- 125 g Orangeat
- 100 g Cranberries
- 125 g Haselnüsse
- 125 g Mandelstifte
- 3 Eier
- 125 g Zucker
- ½ TL Zimt
- 150 g Mehl
- ½ TL Backpulver
- 200 g Zartbitter-Kuvertüre

Nährwertangaben pro Portion:

- Kalorien: 63 kcal
- Kohlenhydrate: 9 g
- Fett: 2,3 g
- Eiweiß: 1m4 g

Zubereitungszeit: 80 Minuten

Zubereitung:

1. Die getrockneten Früchte sehr klein schneiden. Haselnüsse grob hacken und zusammen mit den Mandelstiften in der Pfanne kurz ohne Fett anrösten.
2. Den Backofen vorheizen auf 160 Grad Ober- und Unterhitze, 140 Grad Umluft. Ein Backblech komplett einfetten.
3. Die Eier mit Zucker, Zimt und Mehl in einer Schüssel schaumig rühren und Mehl und Backpulver hinzugeben. Alle Früchte in die Schüssel geben und die Masse grob verrühren. Dann die Masse ins Backblech streichen und auf der mittleren Schiene 30 Minuten backen.
4. Abkühlen lassen und mit im Wasserbad geschmolzener Kuvertüre bestreichen. In Würfel schneiden.

104. Aprikosen-Marzipan-Mandeln

Zutaten für 30 Portionen:

- 30 getrocknete große Aprikosen
- 150 g Marzipan
- 30 Mandeln, blanchiert
- 100 g Zartbitter-Kuvertüre

Nährwertangaben pro Portion:

- Kalorien: 69 kcal
- Kohlenhydrate: 10 g
- Fett: 2,6 g
- Eiweiß: 1,3 g

Zubereitungszeit: 50 Minuten

Zubereitung:

1. Schokolade im Wasserbad auflösen.
2. Die Aprikosen an der geöffneten Seite mit Marzipan füllen. Eine Mandel quer in den Marzipan stecken. Die Unterseite der Aprikose in die Kuvertüre tauchen, abtropfen und trocknen lassen.

105. Walnuss-Dattel mit Marzipan

Zutaten für 4 Portionen:

- 20 große Datteln
- 150 g Marzipan
- 10 Walnüsse

Nährwertangaben pro Portion:

- Kalorien: 82 kcal
- Kohlenhydrate: 12 g
- Fett: 3,2 g
- Eiweiß: 1 g

Zubereitungszeit: 25 Minuten

Zubereitung:

1. Die Datteln aufschneiden und entkernen.
2. Etwas Marzipan in die Öffnung drücken und eine halbe Walnuss ins Marzipan drücken. Sofort verzehrbar.

106. Weißer Nougat

Zutaten für 15 Portionen:

- 175 g Honig
- 250 g Zucker
- 150 g Macadamianüsse (gesalzen)
- 120 g Pistazien
- 2 Eiweiß
- 1 Prise Salz
- 100 g kandierte Kirschen
- 2 TL Zimt
- 4 große Backoblaten

Nährwertangaben pro Portion:

- Kalorien: 245 kcal
- Kohlenhydrate: 32 g
- Fett: 12 g
- Eiweiß: 3,1 g

Zubereitungszeit: 90 Minuten, über Nacht ruhen lassen

Zubereitung:

1. Den Zucker im Kochtopf im Honig auflösen, nicht zu heiß werden lassen. 2 Backoblaten in eine feuerfeste Form geben, sie sollte passgenau sein. Macadamia und geschälte Pistazien sehr kurz in der Pfanne ohne Fett anrösten.
2. Das Eiweiß mit dem Salz steif schlagen, Zucker-Honig-Masse hinzugeben. Die etwas abgekühlten Nüsse, die Kirschen und den Zimt hinzugeben. Die Masse auf die Oblaten streichen und mit einer oberen Schicht Oblaten platt drücken. Nun den Nougat mit Frischhaltefolie abdecken, durch ein Brett und ggf. ein paar Konserven beschweren. Über Nacht bei Zimmertemperatur ruhen lassen.
3. Mit einem scharfen Messer in Streifen schneiden.

107. Dunkler Nougat

Zutaten für 40 Portionen:

- 4 Eiweiß
- 1 Prise Salz
- 250 g Honig
- 300 g Zucker
- 50 g Haselnüsse
- 50 g Mandeln
- 100 g gemahlene Haselnüsse
- 6 große Backoblaten

Nährwertangaben pro Portion:

- Kalorien: 91 kcal
- Kohlenhydrate: 14 g
- Fett: 3,3 g
- Eiweiß: 1,4 g

Zubereitungszeit: 50 Minuten, Ruhezeit über Nacht

Zubereitung:

1. Das Eiweiß mit dem Salz steif schlafen. Den Honig mit dem Zucker aufkochen. Den Topf vom Herd nehmen, etwas abkühlen lassen, das Eiweiß unterheben und ständig umrühren.

2. Nüsse und Mandeln grob hacken. Sobald die Masse fester wird, Nüsse und Mandeln sowie die gemahlenen Haselnüsse hinzugeben.

5. 3 große Backoblaten in eine passende Form legen. Die Nougatmasse darauf 1 cm dick verstreichen, mit einem Pergamentpapier und einem Brett glätten. Pergament entfernen, eine zweite Oblatenschicht auflegen. Mit Frischhaltefolie bedecken, einem Brett beschweren und über Nacht ruhen lassen. In Würfel oder Scheiben schneiden.

108. Einfache Macarons (Schokolade)

Zutaten für 24 Portionen:

- 100 g weiße Mandeln, gemahlen
- 200 g Puderzucker
- 3 Eiweiß (Bio)
- 1 Prise Salz
- 50 g Zucker
- braune Lebensmittelfarbe
- 100 g Zartbitter-Kuvertüre
- 100 ml Schlagsahne
- Spritztüte

Nährwertangaben pro Portion:

- Kalorien: 108 cal
- Kohlenhydrate: 14 g
- Fett: 4 g
- Eiweiß: 4,4 g

Zubereitungszeit: 180 Minuten.

Zubereitung:

1. Puderzucker und Mandeln mehrfach in eine Schüssel sieben, sodass sich beides gut miteinander vermischt. Das Eiweiß mit Salz steif schlagen und nach und nach Zucker unterrühren. Masse einfärben.
2. Die Masse in die Spritztüte füllen und viele gleichmäßige Macarons nebeneinander aufs mit Backpapier ausgelegte Backblech spritzen. Etwa eine halbe Stunde antrocknen lassen.
3. Den Backofen in der Zwischenzeit auf 140 Grad Ober- und Unterhitze vorheizen.
4. Die Macarons 15 Minuten backen. Ganz auskühlen lassen. Zartbitter-Schokolade im Wasserbad zusammen mit Sahne schmelzen und wieder erkalten lassen. Je eine Hälfte der Macarons mit der Schokocreme füllen und die andere passgenau daraufsetzen.

   Am schönsten sieht es aus, wenn man eine Sorte Macarons mit anderen Farben (Grün für Pistazien, Gelb für Zitrone, Rot für Himbeeren, mit entsprechender Füllung) ergänzt.

109. Croquantes aux amandes

Zutaten für 50 Portionen:

- 4 Eier
- 200 g Puderzucker
- 2 TL Orangenblütenwasser
- 200 g ganze Mandeln
- 400 g Mehl

Nährwertangaben pro Portion:

- Kalorien: 75 kcal
- Kohlenhydrate: 10 g
- Fett: 2,7 g
- Eiweiß: 2,4 g

Zubereitungszeit: 80 Minuten

Zubereitung:

1. Den Backofen auf 200 Grad Ober- und Unterhitze vorheizen.
2. 3 von den Eiern mit dem Puderzucker schaumig rühren, dann das Orangenwasser, die Mandeln und das Mehl hineinmischen.
3. Mit bemehlten Händen weiterarbeiten, den Teig verkneten und zwei platte Rollen formen. Das letzte Ei trennen und die Rollen mit Eigelb bepinseln. Ungefähr 50 Minuten backen. Den noch weichen Teig in 1 cm dicke Scheiben schneiden. Noch einmal 5 Minuten im Ofen trocknen. Erkalten lassen.

110. Süßes Orangengebäck

Zutaten für 40 Portionen:

- 150 g Butter
- 1 Ei
- 230 g Puderzucker
- 1 TL Backpulver
- 100 Pistazien ohne Schale
- 1 Bio-Orange

Nährwertangaben pro Portion:

- Kalorien: 341 kcal
- Kohlenhydrate: 31 g
- Fett: 22 g
- Eiweiß: 8 g

Zubereitungszeit: 60 Minuten

Zubereitung:

1. Mehl in eine Schüssel geben und mit dem Backpulver vermischen. Das Ei darin aufschlagen und mit 100 g Puderzucker und in Blöcken geschnittener Butter schnell zu einem Teig verkneten. Den Teig abgedeckt für 1 Stunde ruhen lassen.
2. Die Orange abwaschen und abreiben, dann den Saft auspressen. Pistazien bis auf 40 Hälften (die später zum Verzieren benötigt werden) fein hacken.
3. Aus gehackten Pistazien, 1 EL Orangesaft, den Zesten der Orange und 30 g Puderzucker eine Füllung zubereiten.
4. Den Backofen auf 200 Grad Ober- und Unterhitze oder 180 Grad Umluft vorheizen.
5. Den Teig in zwei Hälften teilen, eine davon auf ein mit Backpapier ausgelegtes Backblech rollen. Den restlichen Teig ausrollen und damit abdecken. Im Backofen ca. 20 Minuten backen.
6. Den noch heißen Teig in Rauten schneiden und mit 100 g Puderzucker und dem restlichen Saft der Orange glasieren. Die Rauten mit Pistazien belegen.

111. Einfache Cantuccini

Zutaten für 70 Portionen:

- 250 g Mandeln
- 4 Eier
- 350 g Zucker
- 500 g Mehl
- ½ Päckchen Backpulver
- ½ Vanilleschote
- ½ Fläschchen Bittermandel-Aroma
- 1 Prise Salz

Nährwertangaben pro Portion:

- Kalorien: 70 kcal
- Kohlenhydrate: 10 g
- Fett: 2,3 g
- Eiweiß: 2 g

Zubereitungszeit: 80 Minuten

Zubereitung:

1. Die Mandeln grob hacken.
2. Die Eier verquirlen und mit dem Zucker verrühren, bis die Masse schäumt. Das Mehl mit Backpulver, dem Mark der Vanilleschote, dem Bittermandel-Aroma und dem Salz vermischen und hineingeben. Die Mandeln dazugeben.
3. Den Teig in drei Stränge teilen (Teig ist evtl. noch etwas klebrig, das macht aber nichts) und auf ein Backblech mit Backpapier legen. 30 Minuten ruhen lassen.
4. Den Backofen vorheizen, Ober- und Unterhitze bei 170 Grad, Umluft 150 Grad.
5. Im Backofen ca. 20 Minuten goldgelb backen. Die Stränge sollten nicht zu hart gebacken sein. Herausnehmen und mit einem großen Messer in Keksscheiben schneiden. Die Cantuccini auf dem Blech ausbreiten und noch einmal für mindestens 15 Minuten goldbraun backen.

112. Calissons

Zutaten für 30 Portionen:

- 250 g Puderzucker
- 150 g Mandeln
- 20 g kandierte Orange
- 15 g kandierte Zitrone
- 100 g kandierte Melone
- 1 EL Orangenblütenwasser
- 1 Eiweiß
- 3 große Blätter Backoblaten

Nährwertangaben pro Portion:

- Kalorien: 32 kcal
- Kohlenhydrate: 10 g
- Fett: 3 g
- Eiweiß: 1 g

Zubereitungszeit: 90 Minuten Arbeitszeit, Ruhezeit über Nacht

Zubereitung:

1. Den Backofen auf 100 Grad Ober- und Unterhitze vorheizen. Eine feuerfeste Form mit den Backoblaten auslegen.
2. Die Mandeln mit heißem Wasser übergießen und enthäuten. Die Mandeln im Blitzhacker zu Mehl verarbeiten, mit 100 g Puderzucker vermischen. Die Orangen, Zitronen und Melonen und das Orangenblütenwasser in den Mixer geben und alles zu einer festen Paste verarbeiten.
3. Die Paste auf Puderzucker ausrollen und auf die Oblaten legen. Das Eiweiß steif schlagen und mit dem Rest Puderzucker süßen. Für 10 Minuten im Backofen backen. Aus dem Ofen nehmen und sofort in Navettenform (lang gezogene Rauten) schneiden. Über Nacht durchziehen lassen.

113. Provenzalische Mendiants

Zutaten für 6 Portionen:

- 200 g gute dunkle Schokolade
- 30 g Pistazien
- 30 g Haselnüsse
- 10 kandierte Kirschen
- 20 g kandierte Orange
  kleine, runde Pralinenformen oder
  kleine Muffinformen

Nährwertangaben pro Portion:

- Kalorien: 72 kcal
- Kohlenhydrate: 6 g
- Fett: 5 g
- Eiweiß: 1 g

Zubereitungszeit: 30 Minuten Arbeitszeit, Kühlzeit über Nacht

Zubereitung:

1. Die Schokolade sehr langsam schmelzen bei niedriger Temperatur. Die Schokolade in 20 flache Förmchen (6 mm hoch) geben.
2. Früchte und Nüsse klein hacken und in die Schokolade geben. Im Kühlschrank auskühlen lassen und aus den Formen nehmen.

114. Amaretti

Zutaten für 60 Portionen:

- 150 g Mandeln, nicht blanchiert
- 125 g Pistazien ohne Schale
- 150 g Zucker
- 50 g Puderzucker
- 2 Eier
- ½ Fläschchen Bittermandel-Aroma
  Puderzucker zum Bestäuben

Nährwertangaben pro Portion:

- Kalorien: 41 kcal
- Kohlenhydrate: 2 g
- Fett: 3,6 g
- Eiweiß: 1 g

Zubereitungszeit: 45 Minuten

Zubereitung:

1. Die Mandeln und die Pistazien in einer Pfanne ohne Fett anrösten und etwas erkalten lassen.
2. Den Backofen auf 200 Grad Ober- und Unterhitze vorheizen.
3. Mit einem guten Mixer die Mandeln und Pistazien zerstoßen. Zucker, eine Prise Salz und ein paar Tropfen Bittermandel hinzufügen. Alles noch mal gut durchrühren.
4. Eier trennen. Das Eiweiß steif schlagen. Unter die Nussmasse heben.
5. Eine Schüssel mit Puderzucker vorbereiten. Mandelmasse zu kleinen Kugeln formen und mit Puderzucker umhüllen. Auf ein mit Backpapier ausgelegtes Backblech legen.
6. Für ca. 15 Minuten auf mittlerer Schiene backen. Reicht für zwei Bleche. Nach dem Backen abkühlen lassen und mit Puderzucker bestäuben. Trocken in Dosen aufbewahren.

115. Mandorlini

Zutaten für 100 Portionen:

- 200 g Marzipan
- 150 g Puderzucker
- 75 g Rohrzucker
- 1 Eiweiß
- 150 g gemahlene Mandeln
- 25 g Mehl
- 1 TL Backpulver
- 2 EL Amaretto
- 150 g Mandelblättchen

Nährwertangaben pro Portion:

- Kalorien: 38 kcal
- Kohlenhydrate: 4 g
- Fett: 2 g
- Eiweiß: 1 g

Zubereitungszeit: 60 Minuten

Zubereitung:

1. Den Backofen auf 180 Grad Ober- und Unterhitze, 160 Grad Umluft, vorheizen. Ein Backblech mit Backpapier belegen.
2. Die Mandelblättchen mit den Händchen leicht anbrechen.
3. 100 g Puderzucker über den Marzipan sieben, verkneten, dann Rohrzucker, Eiweiß, die gemahlenen Mandeln, Mehl, Backpulver und Amaretto hinzugeben. Alles kräftig durchmixen.
4. Mit den Händen kleine, ovale Kekse formen (so groß wie Gnocchi, etwa 100 Stück) und in den Mandelblättchen wälzen. Aufs Backblech setzen und 10 – 12 Minuten backen, herausnehmen, bevor sie richtig goldbraun sind. Mit dem restlichen Puderzucker bestäuben und abkühlen lassen.

116. Pasticcini

Zutaten für 30 Portionen:

- 10 g Zitronenschalen
- 2 Eier
- 200 g Puderzucker
- 350 g Mandeln, gemahlen
zusätzlich etwas Puderzucker

Nährwertangaben pro Portion:

- Kalorien: 102 kcal
- Kohlenhydrate: 7 g
- Fett: 6,6 g
- Eiweiß: 3,3 g

Zubereitungszeit: 25 Minuten

Zubereitung:

1. Den Backofen auf 180 Grad Ober- und Unterhitze, 160 Grad Umluft, vorheizen.
2. Die Zitronenschalen mit den Eiern, dem Puderzucker und den Mandeln vermischen. Die Hände mit Puderzucker bestäuben und den Teig durchkneten. Kleine Kugeln formen und sie auf ein mit Backpapier ausgelegtes Backblech legen, in der Mitte eindrücken.
3. Im Backofen ca. 10 – 12 Minuten goldbraun backen. Auskühlen lassen. Mit Puderzucker leicht bestäuben.

117. Limetten-Kekse

Zutaten für 50 Portionen:

- 100 g Butter
- 80 g Zucker
- 1 Ei
- 1 Prise Salz
- 200 g Mehl
- 120 ml Kokosmilch
- 100 g Zitronat
- 1 Limette (Bio)
- 50 Puderzucker

Nährwertangaben pro Portion:

- Kalorien: 50 kcal
- Kohlenhydrate: 7 g
- Fett: 2 g
- Eiweiß: 0,6 g

Zubereitungszeit: 60 Minuten

Zubereitung:

1. Die Limette heiß abspülen und die Schale auf einen Teller reiben. Limette auspressen.
2. Den Backofen auf 160 Grad Ober- und Unterhitze, 150 Grad Umluft, vorheizen.
3. Die Butter würfeln, mit dem Zucker, dem Ei und dem Salz verkneten. Zitronat fein hacken und mit dem Limettensaft, den Zesten und bis auf 1 EL alles von der Kokosmilch vermischen. In die Butter-Ei-Masse rühren und alles mit dem Mehl verkneten.
4. Die Plätzchenmasse mit zwei Teelöffeln auf einem mit Backpapier ausgelegten Backblech aufhäufen (Achtung, fließt beim Backen auseinander). 10 Minuten im Backofen backen.
5. Mit einem Gemisch aus dem Rest Kokosmilch und Puderzucker eine Glasur herstellen und die Kekse glasieren, sobald sie erkaltet sind.

118. Amarena-Kekse

Zutaten für 40 Portionen:

- 50 g Amarena-Kirschen
- 80 g Butter
- 150 g Zucker
- 1 Ei
- 180 g Mehl
- 1 ½ TL Backpulver
- 80 g Zartbitter-Kuvertüre

Nährwertangaben pro Portion:

- Kalorien: 57 kcal
- Kohlenhydrate: 9 g
- Fett: 2,2 g
- Eiweiß: 0,8 g

Zubereitungszeit: 40 Minuten

Zubereitung:

1. Die Amarena-Kirschen abtropfen lassen. Klein hacken.
2. Den Backofen auf 180 Grad Ober- und Unterhitze, 160 Grad Umluft, vorheizen. Ein Backblech mit Backpapier belegen.
3. Butter mit Zucker, Ei, Mehl und Backpulver vermischen. Die Amarena-Kirschen hinzugeben, den Teig noch mal durchkneten und davon kleine Kugeln formen, flach aufs Backblech drücken.
4. Im Backofen 10 – 12 Minuten goldbraun backen. Etwas abkühlen lassen. Währenddessen im Wasserbad die Kuvertüre schmelzen und Streifen über die Kekse ziehen. Aushärten lassen.

119. Rosmarin-Kekse

Zutaten für 30 Portionen:

- 250 g Butter, gesalzen
- 100 g Zucker
- 1 Ei
- ½ TL Rosmarin
- 300 g Mehl
- 100 g Schokodrops, dunkel
- 80 g weiße Schokolade

Nährwertangaben pro Portion:

- Kalorien: 144 kcal
- Kohlenhydrate: 14 g
- Fett: 9 g
- Eiweiß: 1,7 g

Zubereitungszeit: 60 Minuten, 2 Stunden Kühlzeit

Zubereitung:

1. Aus in Würfel geschnittener, kalter, gesalzener Butter mit Zucker, Ei, Rosmarin und Mehl einen Mürbeteig kneten, mit den Händen zwei Rollen mit 4 cm Durchmesser formen und die Rollen für 2 Stunden in den Kühlschrank geben.
2. Vor dem Weiterverarbeiten den Backofen auf 180 Grad Ober- und Unterhitze vorheizen. Ein Backblech mit Backpapier auslegen.
3. Die Rollen portionsweise entnehmen und sofort in 1 cm dicke Scheiben schneiden. Sofort für 20 Minuten goldgelb backen. Wer mag, kann die Kekse nach dem Backen noch grob mit etwas hochwertigem Salz bestreuen.

120. Lavendel-Plätzchen

Zutaten für 50 Portionen:

- 125 g Butter
- 100 g Zucker
- 1 Ei
- 1 Eigelb
- 1 Prise Salz
- ¼ TL Lavendel
- 300 g Mehl
- ½ TL Backpulver
- Lavendelblüten
- körniges Salz
- 80 g weiße Schokolade

Nährwertangaben pro Portion:

- Kalorien: 66 kcal
- Kohlenhydrate: 8,28 g
- Fett: 38 g
- Eiweiß: 0,9 g

Zubereitungszeit: 80 Minuten

Zubereitung:

1. Aus Butter, Zucker, Ei, Salz, fein gehacktem Lavendel (Gewürzregal oder Bioladen) einen Mürbeteig kneten und ihn 30 Minuten in Frischhaltefolie verpackt im Kühlschrank ruhen lassen.
2. Den Backofen auf 175 Grad Ober- und Unterhitze, 160 Grad Umluft, vorheizen, ein Backblech mit Backpapier auslegen.
3. Den Mürbeteig dünn auf einer bemehlten Fläche ausrollen, runde, geriffelte Formen ausstechen. Mit Eigelb bestreichen und etwas groben Salz bestäuben, 8 – 10 Minuten backen. Ausgekühlte Kekse mit im Wasserbad geschmolzener weißer Schokolade Streifen dekorieren. Nach Möglichkeit (Vorsicht, Lavendel ist sehr intensiv!) mit einigen Lavendelblüten dekorieren.

121. Maronen-Plätzchen

Zutaten für 4 Portionen:

- 100 g Maronen, küchenfertig
- 100 g weiße Schokolade
- 100 g Butter
- 100 g Zucker
- 1 Päckchen Vanillezucker
- 1 Ei
- 1 Eigelb
- 1 Prise Salz
- 1 Prise Muskatnuss
- 1 Msp. Kardamom
- 200 g Mehl
- ½ Päckchen Backpulver
- 1 TL Blütenmix

Nährwertangaben pro Portion:

- Kalorien: 88 kcal
- Kohlenhydrate: 11 g
- Fett: 4,1 g
- Eiweiß: 1,2 g

Zubereitungszeit: 90 Minuten

Zubereitung

1. Den Backofen auf 180 Grad Ober- und Unterhitze, 160 Grad Umluft, vorheizen. Ein Backblech mit Backpapier auslegen.
2. Die weiße Schokolade in Stücke hacken.
3. Die Maronen mit einem Pürierstab pürieren. Weiche Butter, Zucker und Vanillezucker hinzugeben. Dann mit dem Ei schaumig rühren. Gewürze hinzugeben, schließlich Mehl, Backpulver und die gehackte Schokolade.
4. Den Teig auf das Backblech klecksen, dabei Abstände zwischen den Cookies lassen, mit Eigelb bestreichen und mit essbarem Blütenmix bestreuen. 12 – 15 Minuten backen.

122. Mandel-Tahini-Kekse

Zutaten für 50 Portionen:

- 150 g Butter, gesalzen
- 150 g Zucker
- ½ Vanilleschote
- 150 g Mehl
- 150 g Vollkornmehl
- 1 Prise Salz
- 200 g Tahini
- 1 Eigelb
- 20 g Sesamsamen

Nährwertangaben pro Portion:

- Kalorien: 82 kcal
- Kohlenhydrate: 8 g
- Fett: 4,9 g
- Eiweiß: 1,5 g

Zubereitungszeit: 60 Minuten

Zubereitung:

1. Den Backofen auf 180 Grad Ober- und Unterhitze, 160 Grad Umluft, vorheizen.
2. Die halbe Vanilleschote aufschneiden und das Mark entnehmen.
3. Die harte Butter mit dem Zucker und der Vanille verkneten, die Mehle und zum Schluss das Sesammus hinzugeben. Mit den Händen zu einem glatten Teig verkneten.
4. Kleine Kugeln vom Teig abnehmen und auf dem mit Backpapier ausgelegten Blech flach drücken. Mit Eigelb bestreichen und mit etwas Sesam bestreuen. 10 – 12 Minuten im Backofen goldbraun backen.

123. Rosenkekse

Zutaten für 50 Portionen:

- 250 g Butter
- 125 g Zucker
- 400 g Mehl
- 1 EL Rosenblätter (getrocknet)
- 1 TL Rosenwasser
- 50 g Puderzucker

Nährwertangaben pro Portion:

- Kalorien: 79 kcal
- Kohlenhydrate: 9 g
- Fett: 4,2 g
- Eiweiß: 0,8 g

Zubereitungszeit: 120 Minuten

Zubereitung:

1. Butter und Zucker mit Mehl, Rosenblättern und 1 TL Rosenwasser verkneten. In Frischhaltefolie wickeln und 1 Stunde im Kühlschrank ruhen lassen.
2. Den Backofen auf 180 Grad Ober- und Unterhitze, 160 Grad Umluft, vorheizen. Ein Backblech mit Backpapier auslegen.
3. Den Teig auf eine bemehlte Fläche 8 mm hoch ausrollen und mit einer runden Form oder einem Glas ausstechen.
4. Im Backofen für 20 Minuten goldgelb backen. Sofort mit Puderzucker bestäuben. Ganz auskühlen lassen.

124. Panforte

Zutaten für 50 Portionen:

- 150 g Zucker
- 120 g Honig
- 100 g Macadamianüsse
- 50 g Pistazienkerne
- 100 g Orangeat
- 50 g kandierter Ingwer
- 100 g Rosinen
- 1 TL Zimt
- 1 Prise Nelkenpulver
- 1 Prise Kardamom
- 1 Prise Muskat
- 125 g Mehl
- 50 g Puderzucker

Nährwertangaben pro Portion:

- Kalorien: 83 kcal
- Kohlenhydrate: 14 g
- Fett: 2,5 g
- Eiweiß: 0,8 g

Zubereitungszeit: 90 Minuten

Zubereitung:

1. Den Backofen auf 150 Grad Ober- und Unterhitze, 135 Grad Umluft, vorheizen. Ein Backblech passgenau mit Backpapier auslegen.
2. Orangeat und Ingwer feiner hacken. Macadamianüsse grob hacken.
3. Zucker und Honig im Topf schmelzen, vom Herd nehmen, Orangeat, Ingwer, Rosinen, Macadamia, Pistazienkerne und die Gewürze dazugeben, das Mehl einrühren und die Masse sofort aufs Backblech drücken. Auf der mittleren Schiene 45 Minuten backen.
4. Nach dem Backen ganz auskühlen lassen und mit Puderzucker bestäuben. In feine Scheiben schneiden.

Motto- und Marken-Kekse

125. Hochzeitsplätzchen

Zutaten für 60 Portionen:

- 250 g Butter
- 175 g Zucker
- 1 Päckchen Vanillezucker
- 2 Eier
- 1 Prise Salz
- 500 g Mehl
- 200 g weiße Kuvertüre
- edle Zuckerperlen

Nährwertangaben pro Portion:

- Kalorien: 99 kcal
- Kohlenhydrate: 12 g
- Fett: 1,2 g
- Eiweiß: 5 g

Zubereitungszeit: 90 Minuten Arbeitszeit

Zubereitung:

1. Den Backofen auf 175 Grad Ober- und Unterhitze vorheizen. Backbleche mit Backpapier auslegen.
2. Butter mit Zucker, Vanillezucker, Eiern, Salz und Mehl vermischen, zu einem festen Teig kneten. Auf einer bemehlten Unterlage 4 – 5 mm dick ausrollen. Herzen ausstechen. Im Backofen für 8 – 10 Minuten goldgelb backen.
3. Die Kuvertüre im Wasserbad schmelzen. Die Herzen sehr sorgsam mit Kuvertüre bestreichen und mit Zuckerperlen kunstvoll verzieren.

126. Fondant-Plätzchen

Zutaten für 60 Portionen:

- 250 g Butter
- 175 g Zucker
- 1 Päckchen Vanillezucker
- 2 Eier
- 1 Prise Salz
- 500 g Mehl
- 200 g Fondant rot
- 200 g Fondant weiß
- Zuckerperlen
- 3 EL Puderzucker
- Ausstecher

Nährwertangaben pro Portion:

- Kalorien: 107 kcal
- Kohlenhydrate: 17 g
- Fett: 3,7 g
- Eiweiß: 1,1 g

Zubereitungszeit: 90 Minuten Arbeitszeit, Ruhezeit über Nacht

Zubereitung:

1. Den Backofen auf 175 Grad Ober- und Unterhitze vorheizen. Backbleche mit Backpapier auslegen.
2. Butter mit Zucker, Vanillezucker, Eiern, Salz und Mehl vermischen, zu einem festen Teig kneten. Auf einer bemehlten Unterlage 4 - 5 mm dick ausrollen. Formen ausstechen. Im Backofen für 8 – 10 Minuten goldgelb backen, ganz auskühlen lassen.
3. Mit Back- und Fondantformen Motive ausstechen. Puderzucker mit etwas Wasser vermischen und als Kleber auf die Kekse streichen. Kekse nach Wunsch mehrfarbig dekorieren, z.B. mit Blumen, Herzen, Buchstaben und Perlen, Rosen oder kleinen Tieren.

127. Stempel-Kekse

Zutaten für 20 Portionen:

- 250 g Butter
- 175 g Zucker
- 1 Päckchen Vanillezucker
- 2 Eier
- 3 Tropfen Zitronenaroma
- 1 Prise Salz
- 500 g Mehl
- Backstempel

Nährwertangaben pro Portion:

- Kalorien: 223 kcal
- Kohlenhydrate: 27 g
- Fett: 11,3 g
- Eiweiß: 3,3 g

Zubereitungszeit: 90 Minuten

Zubereitung:

1. Aus dem Mehl, Zucker, Vanillezucker, Butter, Ei und etwas Salz einen Mürbeteig herstellen. 30 Minuten kühlen.
2. Ofen in der Zwischenzeit auf 175 Grad Ober- und Unterhitze oder 160 Grad Umluft vorheizen. Backbleche mit Backpapier vorbereiten.
3. Den Mürbeteig nach der Ruhezeit auf einer bemehlten Fläche 8 mm dick ausrollen. Auch den Stempel leicht bemehlen. Die Kekse nach Wunsch stempeln, an einen Ausstecher in der gleichen Größe des Stempels denken und den gestempelten Keks ausstechen. Im Backofen 10 – 12 Minuten backen und auskühlen lassen.

128. Logo-Kekse

Zutaten für 40 Portionen:

- 250 g Butter
- 175 g Zucker
- 1 Päckchen Vanillezucker
- 2 Eier
- 3 Tropfen Zitronenaroma
- 1 Prise Salz
- 500 g Mehl
- Backstempel individuell hergestellt mit Logo oder Motiv

Nährwertangaben pro Portion:

- Kalorien: 112 kcal
- Kohlenhydrate: 14 g
- Fett: 6 g
- Eiweiß: 1,6 g

Zubereitungszeit: 90 Minuten

Zubereitung:

1. Zubereitung genauso wie Stempel-Kekse, mit Firmen-Logo oder gewünschtem Symbol als Spezialanfertigung. Keksgröße etwas kleiner auswählen.

2. Aus Mehl, Zucker, Vanillezucker, Butter, Ei und etwas Salz einen Mürbeteig erstellen. 30 Minuten kühlen.

3. Ofen in der Zwischenzeit auf 175 Grad Ober- und Unterhitze oder 160 Grad Umluft vorheizen. Backbleche mit Backpapier vorbereiten.

4. Den Mürbeteig nach der Ruhezeit auf einer bemehlten Fläche 8 mm dick ausrollen. Auch den Stempel leicht bemehlen. Die Kekse nach Wunsch stempeln, an einen Ausstecher in der gleichen Größe des Stempels denken und den gestempelten Keks ausstechen. Im Backofen 10 – 12 Minuten backen und auskühlen lassen.

129. Nutella-Keks

Zutaten für 10 Portionen:

- 100 g Nutella
- 1 Ei
- 160 g Mehl
- 1 TL Backpulver

Nährwertangaben pro Portion:

- Kalorien: 116 kcal
- Kohlenhydrate: 17 g
- Fett: 3,8 g
- Eiweiß: 2,8 g

Zubereitungszeit: 50 Minuten

Zubereitung:

1. Den Backofen auf 180 Grad Ober- und Unterhitze, 160 Umluft, vorheizen. Ein Backblech mit Backpapier auslegen.
2. Das Nutella mit Ei, Mehl und Backpulver vermischen. Die Masse mit den Händen verkneten.
3. Kugeln formen, flach aufs Backblech drücken und 10 Minuten backen.

130. After-Eight-Plätzchen

Zutaten für 25 Portionen:

- 125 g Butter
- 160 g Puderzucker
- 1 EL Kakaopulver
- 3 EL Milch
- 11 After Eight
- 150 g Mehl
- 1 TL Backpulver
- 4 Tropfen Pfefferminzöl (Apotheke)

Nährwertangaben pro Portion:

- Kalorien: 100 kcal
- Kohlenhydrate: 13 g
- Fett: 4,8 g
- Eiweiß: 0,9 g

Zubereitungszeit: 80 Minuten

Zubereitung:

1. Die Butter mit 60 g vom Puderzucker schaumig schlagen, Kakaopulver, Milch und After Eight dazugeben und alles verrühren. Dann mit dem Mehl verkneten. Den Teig 1 Stunde in den Kühlschrank stellen.
2. Den Backofen auf 175 Grad Ober- und Unterhitze, 160 Grad Umluft, vorheizen. Ein Backblech mit Backpapier auslegen.
3. Die Teigmasse auf der bemehlten Arbeitsfläche ausrollen. Runde Formen ausstechen und 8 – 12 Minuten im Backofen fertig backen.
4. Die Kekse ganz auskühlen. Restlichen Puderzucker mit Pfefferminzöl und 1 EL Wasser zu einer Glasur rühren und die Kekse glasieren.

131. Bounty-Kekse

Zutaten für 30 Portionen:

- 4 kleine Bounty-Riegel
- 125 g Butter
- 120 g Rohrzucker
- 1 Päckchen Vanillezucker
- 1 Ei
- 1 Prise Salz
- 200 g Mehl
- 1 TL Backpulver

Nährwertangaben pro Portion:

- Kalorien: 90 kcal
- Kohlenhydrate: 11 g
- Fett: 5,7 g
- Eiweiß: 1 g

Zubereitungszeit: 50 Minuten

Zubereitung:

1. Den Backofen auf 180 Grad Ober- und Unterhitze, 160 Umluft, vorheizen.
2. Die Bounty-Riegel klein schneiden.
3. Weiche Butter mit Zucker und Vanillezucker schaumig rühren. Ein Ei dazugeben und Salz, Mehl und Backpulver einrühren.
4. Den Teig auf ein mit Backpapier ausgelegtes Backblech klecksen. 10 – 12 Minuten goldbraun backen.

Gesunde Plätzchen-Bäckerei

132. Kümmelkekse

Zutaten für 35 Portionen:

- 70 g Butter
- 100 g reifer Gouda
- 1 Prise Salz
- 125 g Mehl
- 1 Prise Muskat
- Eigelb
- 1 EL Kümmel

Nährwertangaben pro Portion:

- Kalorien: 40 kcal
- Kohlenhydrate: 3 g
- Fett: 3 g
- Eiweiß: 0,8 g

Zubereitungszeit: 50 Minuten, 1 Stunde Kühlzeit

Zubereitung:

1. Den Gouda reiben. Mit kalter Butter, Salz, Mehl und Muskat verkneten. Im Kühlschrank eine Stunde ruhen lassen.
2. Den Backofen auf 200 Grad Ober- und Unterhitze, 180 Grad Umluft, vorheizen. Backpapier auf ein Backblech legen.
3. Den Teig portionsweise entnehmen und auf einem bemehlten Platz ausstechen (Kreise oder Quadrate).
4. Mit Eigelb bepinseln und mit Kümmel bestreuen. 12 – 15 Minuten goldbraun backen.

133. Weihnachtskekse Low Carb

Zutaten für 25 Portionen:

- 2 Eier
- 100 g Mandeln, gemahlen
- 100 g Haselnüsse, gemahlen
- 1 Spritzer Zitronensaft
- 50 g Erythrit
- 1 EL Honig
- 1 Prise Salz
- ½ Vanilleschote
- 1 TL Zimt
- 1 Msp. Kardamom
- 1 Msp. Nelkenpulver

Nährwertangaben pro Portion:

- Kalorien: 60 kcal
- Kohlenhydrate: 3 g
- Fett: 5 g
- Eiweiß: 1,6 g

Zubereitungszeit: 25 Minuten Vorbereitung, 40 Minuten Backzeit

Zubereitung:

1. Den Backofen auf 180 Grad Ober- und Unterhitze, 160 Grad Umluft, vorheizen.
2. Die Eier trennen, das Eiweiß mit etwas Erythrit zusammen aufschlagen, zur Seite stellen. Eigelb mit dem restlichen Erythrit, den gemahlenen Nüssen und den Gewürzen mischen.
3. Eiweiß bis auf einen Drittel hinzugeben und alles zu einem festen Teig verkneten.
4. Auf einer mit Backpapier ausgelegten Arbeitsfläche den Teig mit dem Nudelholz ausrollen. Sterne ausstechen und mit dem Eischnee bestreichen.
5. Im Ofen ca. 10 – 12 Minuten backen.

134. Chia-Kekse mit Frucht

Zutaten für 40 Portionen:

- 100 g Butter
- 75 g Zucker
- 1 Ei
- 2 EL Chia-Samen
- 175 g Dinkelvollkornmehl
- 1 TL Backpulver
- 40 g Cranberries
- 40 g Aroniabeeren
- 100 g weiße Schokolade (Xucker)

Nährwertangaben pro Portion:

- Kalorien: 62 kcal
- Kohlenhydrate: 5 g
- Fett: 28 g
- Eiweiß: 7 g

Zubereitungszeit: 70 Minuten

Zubereitung:

1. Den Backofen auf 180 Grad Ober- und Unterhitze, 160 Grad Umluft, vorheizen. Ein Backblech mit Backpapier belegen.
2. Weiße Schokolade hacken.
3. Die Butter mit dem Zucker, Ei, den Chia-Samen, dem Mehl und dem Backpulver vermixen. Die Früchte und die gehackte weiße Schokolade hinzugeben. Mit den Händeln kleine Teigkugeln formen und aufs Backblech drücken.
4. Die Kekse 12 – 15 Minuten im Backofen goldbraun backen und auskühlen lassen.

135. Zuckerfreie Frischkäse-Plätzchen

Zutaten für 25 Portionen:

- 125 g Butter
- 1 Eigelb
- 2 Msp. Salz
- 100 g gemahlene Haselnüsse
- 1 TL Zitronenschale
- 150 g Dinkelvollkornmehl
- 120 g Frischkäse
- ½ süßes Paprikapulver

Nährwertangaben pro Portion:

- Kalorien: 100 kcal
- Kohlenhydrate: 4 g
- Fett: 8 g
- Eiweiß: 2 g

Zubereitungszeit: 90 Minuten

Zubereitung:

1. Aus Butter, einem Eigelb und einer Prise Salz, Haselnüssen und Zitronenschale mit dem Dinkelvollkornmehl einen Mürbeteig kneten. In Frischhaltefolie wickeln und 1 Stunde im Kühlschrank ruhen lassen.

2. Den Backofen auf 180 Grad Ober- und Unterhitze, 160 Grad Umluft, vorheizen. Backblech mit Backpapier belegen.

3. Den Teig portionsweise entnehmen und flach auf einer bemehlten Arbeitsplatte ausrollen. Die Plätzchen mit einer kleinen, runden Form im (3 cm Durchmesser) ausstechen und aufs Backblech legen. Ungefähr 8 – 10 Minuten goldgelb backen.

4. Plätzchen auskühlen lassen. Mit einem Teelöffel etwas Frischkäse auf je ein Plätzchen platzieren, den Frischkäse mit Paprikapulver würzen und ein zweites Plätzchen draufsetzen.

136. Apfel-Dinkel-Keks

Zutaten für 30 Portionen:

- 100 g Butter
- 1 EL Honig
- 40 g Zucker
- ½ Vanilleschote
- 2 Eier
- 1 Prise Salz
- 250 g Dinkelmehl, Typ 630
- ½ Päckchen Backpulver
- 2 Äpfel

Nährwertangaben pro Portion:

- Kalorien: 100 kcal
- Kohlenhydrate: 4 g
- Fett: 8 g
- Eiweiß: 2 g

Zubereitungszeit: 50 Minuten

Zubereitung:

1. Den Backofen auf 180 Grad Ober- und Unterhitze, 16 Grad Umluft, vorheizen. Ein Backblech mit Backpapier belegen.
2. Die Äpfel schälen, entkernen und in kleine Würfel schneiden.
3. Aus weicher Butter, Honig, Zucker, Mark der Vanilleschote, den Eiern, Salz, Dinkelmehl und Backpulver einen Teig anrühren. Äpfel dazugeben.
4. Den Teig mit zwei Teelöffeln aufs Backblech legen. 10 – 12 Minuten goldbraun backen. Auskühlen lassen.

137. Energie-Plätzchen

Zutaten für 20 Portionen:

- 50 g getrocknete Datteln
- 80 g getrocknete Blaubeeren
- 50 g Haferflocken
- 10 g Kokosraspel
- 110 Magerquark
- 4 EL Milch

Nährwertangaben pro Portion:

- Kalorien: 39 kcal
- Kohlenhydrate: 7 g
- Fett: 1 g
- Eiweiß: 1,4 g

Zubereitungszeit: 60 Minuten

Zubereitung:

1. Den Backofen auf 175 Grad Ober- und Unterhitze, 160 Grad Umluft, vorheizen. Ein Backblech mit Backpapier auslegen.
2. Die Datteln zerschneiden. Zusammen mit den Blaubeeren, den Haferflocken und Kokosraspeln im Blitzhacker verarbeiten. Mit Magerquark und Milch zu einem Teig vermixen.
3. Mit zwei Teelöffeln kleine Teigkleckse auf das Backblech geben. In 10 – 12 Minuten fertig backen.

138. Cashewnuss-Kekse

Zutaten für 40 Portionen:

- 150 g Butter
- 70 g Zucker
- 1 Päckchen Vanillezucker
- 1 Ei
- 1 Prise Salz
- 200 g Mehl
- 1 TL Backpulver
- 175 g Cashewnüsse
- 100 g weiße Schokolade Low Carb

Nährwertangaben pro Portion:

- Kalorien: 93 kcal
- Kohlenhydrate: 7 g
- Fett: 6,3 g
- Eiweiß: 2,5 g

Zubereitungszeit: 60 Minuten

Zubereitung:

1. Backofen vorheizen, Ober- und Unterhitze 180 Grad, Umluft 160 Grad. Ein Backblech mit Backpapier auslegen.
2. Die Cashewnüsse und die Schokolade grob hacken.
3. Weiche Butter mit Zucker und Vanillezucker schaumig rühren. Ei, Salz, Mehl und Backpulver dazugeben. Noch mal verkneten und die Cashewnüsse und die Schokolade unterrühren.
4. Den Teig mit zwei Backlöffeln auf das Backblech geben. 10 – 12 Minuten goldgelb backen und auskühlen lassen.

139. Cashew-Erdnuss-Würfel

Zutaten für 80 Portionen:

- 150 g Kichererbsen
- 200 g Cashewkerne
- 50 g Erdnusskerne
- 250 g Rohrzucker
- 2 Päckchen Vanillezucker
- 150 g Maismehl
- 150 g Buchweizenmehl
- 150 g Hirse
- 1 TL Zitronenabrieb
- 1 Päckchen Backpulver
- 1 TL Salz
- 1 L Milch

Nährwertangaben pro Portion:

- Kalorien: 56 kcal
- Kohlenhydrate: 8 g
- Fett: 2 g
- Eiweiß: 1,5 g

Zubereitungszeit: 80 Minuten

Zubereitung:

1. Ein Backblech mit Backpapier auslegen. Cashewkerne und Erdnüsse ohne Fett in der Pfanne anrösten. Kichererbsen (vorgekocht oder aus der Dose) in einer Schüssel mit Pürierstab pürieren. Geröstete Cashewkerne und Erdnusskerne mit Schneideaufsatz fein hacken. Beides miteinander vermischen.
2. Den Zucker und den Vanillezucker dazugeben und Maismehl, Buchweizenmehl und Hirsemehl einrühren. Zitronenabrieb, Backpulver und Salz hineingeben, die Milch einfließen lassen, mit dem Handrührgerät nach und nach einen zähflüssigen Teig mixen und auf das Backblech streichen. Auf der mittleren Schiene in den Backofen stellen und 45 Minuten goldbraun backen. Ganz erkalten lassen und in Würfel schneiden.

140. Energiebällchen Walnuss-Schoko

Zutaten für 15 Portionen:

- 100 g Walnuss
- 200 g Datteln
- 2 EL Kakao, stark entölt
- 1 EL Mandelmus
- 1 EL Chia-Samen
- 2 EL Wasser

Nährwertangaben pro Portion:

- Kalorien: 100 kcal
- Kohlenhydrate: 10 g
- Fett: 6 g
- Eiweiß: 4 g

Zubereitungszeit: 30 Minuten Vorbereitung, 2 Stunden Kühlzeit

Zubereitung:

1. Walnüsse und Datteln klein hacken bzw. schneiden.
2. Alle Zutaten in einen Mixer oder eine hohe Rührschüssel geben und mit Handgerät zu einer festen Masse verarbeiten.
3. Noch etwas Wasser hinzufügen, falls die Masse zu fest ist.
4. Mit den Händen zu Bällchen formen.
5. Im Kühlschrank im geschlossenen Gefäß mindestens 2 Stunden fest werden lassen.

   Im Kühlschrank mindestens eine Woche haltbar.

141. Energiekugeln Kokos-Limette

Zutaten für 10 Portionen:

- 100 g Mandeln, gemahlen
- 100 g Kokosraspel
- 1 EL Mandelmus
- 1 TL Limette
- Zesten von 1 Limette
- 1 EL Chia-Samen
- 2 EL Wasser

Nährwertangaben pro Portion:

- Kalorien: 70 kcal
- Kohlenhydrate: 1 g
- Fett: 6,5 g
- Eiweiß: 9 g

Zubereitungszeit: 20 Minuten

Zubereitung:

1. Alle Zutaten mit Schneidemesser des Mixers zu einer harten Paste pressen. Ggf. etwas Wasser hinzugeben, wenn zu fest.
2. 20 kleine Kugeln formen und in einer geschlossenen Schüssel 3 Stunden im Kühlschrank auskühlen.

Vegane Plätzchen

142. Vegane Mürbeteigplätzchen

Zutaten für 45 Portionen:

- 200 g Margarine
- 100 g Rohrzucker
- 1 Päckchen Vanillezucker
- 3 Tropfen Bittermandel-Aroma
- 300 g Mehl

Nährwertangaben pro Portion:

- Kalorien: 63 kcal
- Kohlenhydrate: 7 g
- Fett: 3,6 g
- Eiweiß: 0,6 g

Zubereitungszeit: 120 Minuten

Zubereitung:

1. Die weiche Margarine mit dem Rohrzucker und dem Vanillezucker verrühren. Aroma und Mehl hinzugeben. Zu einem festen Teig verkneten und den Teig abgedeckt für 30 Minuten in den Kühlschrank legen.
2. Den Backofen auf 175 Grad Ober- und Unterhitze, 160 Grad Umluft, vorheizen. Ein Backblech mit Backpapier belegen.
3. Mehl auf eine Arbeitsfläche streuen und den Teig portionsweise aus dem Kühlschrank nehmen, dick ausrollen und ausstechen.
4. Im Backofen 10 – 12 Minuten goldgelb backen. Nach Wunsch verzieren.

143. Vegane Schoko-Kekse

Zutaten für 20 Portionen:

- 60 ml Sonnenblumenöl
- 70 g Zucker
- 2 Päckchen Vanillezucker
- 4 EL Mandelmilch
- 1 Prise Salz
- 3 EL Kakaopulver
- 1 TL Backpulver

Nährwertangaben pro Portion:

- Kalorien: 44 kcal
- Kohlenhydrate: 4 g
- Fett: 2,7 g
- Eiweiß: 0,4 g

Zubereitungszeit: 70 Minuten

Zubereitung:

1. Den Backofen auf 180 Grad Ober- und Unterhitze vorheizen, Umluft 160 Grad. Ein Backblech mit Backpapier auslegen.
2. Alle Zutaten miteinander vermixen und einen glatten Teig herstellen.
3. Kleine Kugeln vom Teig in Portionen vom Teig nehmen, auf das Backblech legen und etwas andrücken.
4. Die Kekse 12 – 15 Minuten backen. Auf Wunsch auch mit Streifen von weißer Kuvertüre verzieren.

144. Vegane Mandel-Cookies

Zutaten für 20 Portionen:

- 125 vegane Margarine
- 50 g Apfelmus
- 100 g Zucker
- 1 Päckchen Vanillezucker
- 80 g Mandeln, gehackt
- 50 g Haferflocken, grob
- 100 g Dinkelmehl, Typ 630
- 2 TL Weinsteinbackpulver

Nährwertangaben pro Portion:

- Kalorien: 118 kcal
- Kohlenhydrate: 11 g
- Fett: 7,3 g
- Eiweiß: 2 g

Zubereitungszeit: 60 Minuten

Zubereitung:

1. Den Backofen auf 180 Grad Ober- und Unterhitze vorheizen, Umluft 160 Grad. Ein Backblech mit Backpapier auslegen.
2. Die weiche Margarine mit dem Apfelmus, dem Zucker und dem Vanillezucker verrühren. Mandeln, Haferflocken, Dinkelmehl und Backpulver zufügen und alles vermischen.
3. Mit zwei Teelöffeln kleine Berge auf das Backpapier setzen. Für ca. 10 Minuten auf mittlerer Schiene backen. Reicht für zwei Bleche. Trocken in Dosen aufbewahren.

145. Vegane Kokos-Plätzchen

Zutaten für 45 Portionen:

- 100 g vegane Schokolade
- 150 g Kokosraspel
- 30 g Chia-Samen
- 4 EL Wasser
- 3 EL Kokosöl
- 2 EL vegane Aprikosenmarmelade
- 300 g Mehl
- 1 TL Backpulver

Nährwertangaben pro Portion:

- Kalorien: 70 kcal
- Kohlenhydrate: 7 g
- Fett: 4,2 g
- Eiweiß: 1 g

Zubereitungszeit: 80 Minuten

Zubereitung:

1. Den Backofen auf 180 Grad Ober- und Unterhitze vorheizen. Ein Backblech mit Backpapier belegen.
2. Die Schokolade zerkleinern.
3. Die Schokolade mit den Kokosraspeln verrühren, Chia-Samen, Wasser, Kokosöl und Aprikosenmarmelade hinzugeben, alles mit dem Mixer vermixen und schließlich Mehl und Backpulver einkneten.
4. Mit den Händen kleine Kugeln aus dem Teig formen und aufs Backblech drücken. 12 – 15 Minuten backen und auskühlen lassen.

146. Vegane Frucht-Cookies

Zutaten für 35 Portionen:

- 200 Margarine
- 125 g Rohrzucker
- 100 g Puderzucker
- ½ Vanilleschote
- 1 TL Zitronenabrieb
- 1 Prise Salz
- 225 g Mehl
- 40 g Cranberries
- 20 g Apfelringe

Nährwertangaben pro Portion:

- Kalorien: 90 4 kcal
- Kohlenhydrate: 11,4 g
- Fett: 4,6 g
- Eiweiß: 0,6 g

Zubereitungszeit: 60 Minuten

Zubereitung:

1. Den Backofen auf 180 Grad Ober- und Unterhitze, 160 Grad Umluft, vorheizen. Ein Backblech mit Backpapier auslegen.
2. Die Apfelringe fein hacken.
3. Margarine mit Zucker, Puderzucker und dem Mark der Vanilleschote verrühren. Zitronenabrieb, Salz und Mehl hinzugeben, dann die Früchte einrühren.
4. Mit zwei Teelöffeln kleine Kleckse aus Backpapier setzen und 12 Minuten fertig backen. Auf Wunsch noch Streifen von veganer weißer Schokolade überziehen.

147. Vegane Kichererbsen-Kekse

Zutaten für 20 Portionen:

- 1 Dose Kichererbsen (Bio)
- 1 Banane
- 150 g Erdnussbutter
- ½ Vanilleschote
- 3 EL Agavendicksaft
- 50 g vegane dunkle Schokolade

Nährwertangaben pro Portion:

- Kalorien: 76 kcal
- Kohlenhydrate: 8 g
- Fett: 4 g
- Eiweiß: 2,3 g

Zubereitungszeit: 30 Minuten

Zubereitung:

1. Den Backofen auf 180 Grad Ober- und Unterhitze, 160 Grad Umluft, vorheizen. Ein Backblech mit Backpapier auslegen.
2. Die Kichererbsen abtropfen lassen, im Mixer pürieren. Die Schokolade in kleine Stücke hacken.
3. Kichererbsen mit Banane, Erdnussbutter, dem Mark der Vanilleschote, dem Agavendicksaft und der Schokolade vermischen. Mit nassen Händen kleine Kugeln vom Teig abnehmen und flach aufs Backpapier drücken.
4. 12 – 15 Minuten backen und auskühlen lassen.

148. Vegane Vanillekipferl

Zutaten für 50 Portionen:

- 200 g Margarine
- 70 g Zucker
- 3 Päckchen Vanillezucker
- 100 g gemahlene Mandeln (geschält)
- 250 g Mehl
- 250 g Puderzucker

Nährwertangaben pro Portion:

- Kalorien: 86 kcal
- Kohlenhydrate: 11 g
- Fett: 4 g
- Eiweiß: 1 g

Zubereitungszeit: 120 Minuten

Zubereitung:

1. Margarine in eine Schüssel geben, mit dem Zucker und 1 Päckchen Vanillezucker sowie dem Eigelb vermischen. Mit dem Handmixer die Mandeln und das Mehl hinzugeben. Mit den Händen den Teig noch einmal glatt kneten. Zu zwei Rollen (4 cm Durchmesser) verarbeiten und für mindestens eine halbe Stunde in den Kühlschrank geben.
2. Den Backofen auf 170 Grad Ober- und Unterhitze oder 150 Grad Umluft vorheizen.
3. Eine Schüssel mit gesiebtem Puderzucker vorbereiten und zwei Päckchen Vanillezucker darin vermischen. Ein Backblech mit Backpapier belegen.
4. Von der Rolle 1 cm dicke Scheiben abschneiden, im Backofen ca. 15 – 20 Minuten backen, die Kipferl sollten noch nicht dunkel werden.
5. Aus dem Backofen nehmen, ganz kurz abkühlen, vorsichtig im Puderzucker wälzen, weil die mürben Kipferl warm noch sehr zerbrechlich sind. Abkühlen lassen.

149. Vegane Lebkuchen

Zutaten für 20 Portionen:

- 300 g gemahlene Haselnüsse
- 2 EL Apfelmus
- 50 g Kokosöl
- 30 ml Sonnenblumenöl
- 100 g getrocknete Aprikosen
- 1 TL Orangenabrieb
- 200 g Rohrzucker
- 2 TL Lebkuchengewürz
- 1 Prise Salz
- 2 EL Backkakao
- 200 g Mehl
- 3 EL Mandelmilch
- 100 g vegane Schokolade
- 20 Backoblaten, 5 cm Durchmesser

Nährwertangaben pro Portion:

- Kalorien: 226 kcal
- Kohlenhydrate: 18 g
- Fett: 16 g
- Eiweiß: 3,3 g

Zubereitungszeit: 90 Minuten

Zubereitung:

1. Aprikosen in heißem Wasser 15 Minuten aufquellen lassen, abtropfen lassen und sehr fein hacken. Den Backofen auf 175 Grad Ober- und Unterhitze, 160 Grad Umluft, vorheizen. Ein Backblech mit Backpapier auslegen.
2. Die Haselnüsse in einer Schüssel mit dem Apfelmus und dem Kokosöl vermischen, Aprikosen, Rohrzucker, Lebkuchengewürz, Salz und Kakao hinzugeben. Schließlich das Mehl einrühren. Wenn der Teig nicht flüssig genug ist, Mandelmilch hinzugeben. Lebkuchenteig mit einem Löffel auf die Backoblaten platzieren. Die Hände zur Hilfe nehmen, da der Teig klebrig ist und sich nicht so leicht vom Löffel lösen will. Im Backofen 12 Minuten backen, auskühlen lassen und mit geschmolzener Schokolade glasieren.

150. Vegane Kekse mit Olivenöl

Zutaten für 50 Portionen:

- 1 Zitrone (Bio)
- 1 Orange (Bio)
- 75 g Zucker
- 50 g Puderzucker
- 125 ml Olivenöl
- 300 g Mehl
- 100 g gemahlene Mandeln
- 1 TL Backpulver
- ½ TL Natron
- 1 TL Zimt
- ½ TL Nelken (gemahlen)
- 1 Prise Salz

Nährwertangaben pro Portion:

- Kalorien: 65,44 kcal
- Kohlenhydrate: 7 g
- Fett: 3,6 g
- Eiweiß: 1 g

Zubereitungszeit: 60 Minuten

Zubereitung:

1. Den Backofen auf 170 Grad Ober- und Unterhitze, 150 Grad Umluft, vorheizen. Ein Backblech mit Backpapier belegen.
2. Die Zitronen- und Orangenschalen abreiben und Zitrone und Orange auspressen. Zucker mit 40 g vom Puderzucker mit dem Abrieb und dem Olivenöl vermischen, dann den Saft der Zitrone und Orange hinzugeben. Mehl, Mandeln, Backpulver, Natron, Zimt, Nelken und Salz einrühren. Verkneten.
3. Kleine Kugeln von diesem Teig formen und sie auf ein mit Backpapier ausgelegtes Backblech legen, in der Mitte eindrücken.
4. Im Backofen ca. 10 – 12 Minuten goldbraun backen. Auskühlen lassen. Mit Puderzucker leicht bestäuben.

Schlusswort

Wir hoffen Ihnen schmecken unsere 150 leckeren und vielfältigen Plätzchen & Keks-Rezepte und wünschen Ihnen, Ihrer Familie und Freunden guten Appetit!

Weitere Kochbücher von den Rezepte Profis

Suchen Sie nach weiteren leckeren, gesunden Gerichten? Dann empfehlen wir Ihnen unsere anderen Kochbücher mit 150 vielfältigen Rezepten!

https://www.amazon.de/dp/1699682313

Low Carb für Berufstätige: Das Kochbuch mit 150 schnell gemachten leckeren Rezepten! Gesunde Ernährung zum Abnehmen für effektive Fettverbrennung inkl. 30 Tage Ernährungsplan + Nährwertangaben

ISBN-13: 978-1699682319

https://www.amazon.de/dp/1686031858

Ketogene Ernährung: Das Kochbuch mit 150 leckeren Rezepten für eine effektive Keto Diät. Zuckerfrei gesund abnehmen - Optimal gegen Diabetes und Krebs inkl. 14 Tage Ernährungsplan + Nährwertangaben

ISBN-13: 978-1686031854

https://www.amazon.de/dp/179783830X

Zuckerfreie Ernährung: Zuckerfrei leben mit den 150 besten zuckerfreien Rezepten für das Kochen ohne Zucker. Zuckersucht beenden durch gesunde Ernährung - Inkl. gesunde Süßigkeiten + Nähwertangaben

ISBN-13: 978-1090155665

https://www.amazon.de/dp/1793817952

Low Carb Kochbuch: Die 150 besten Rezepte für eine gesunde Ernährung! Abnehmen ohne Hunger und Fett verbrennen am Bauch leicht gemacht (inkl. 30 Tage Diät Ernährungsplan + Nährwertangaben)

ISBN-13: 978-1793817952

https://www.amazon.de/dp/1090155662

Dampfgarer Kochbuch: Die 150 besten Rezepte für gesundes Dampfgaren. Schonendes Garen mit Dampf im Steamer – Leckere und gesunde Gerichte für die schnelle Küche (inkl. Nähwertangaben)

ISBN-13: 978-1090155665

https://www.amazon.de/dp/1794511075

Vegan Kochbuch: Die 150 besten veganen Rezepte für eine vegetarische und vegane Ernährung. Abnehmen und gesund leben leicht gemacht. Inkl. indisch und asiatisch kochen mit Superfood + Nährwertangaben

ISBN-13: 978-1794511071

https://www.amazon.de/dp/1791690777

Smoothies zum Abnehmen: Die 150 besten und leckersten Smoothie Rezepte in einem Buch! Gesund Abnehmen, Entschlacken und Entgiften leicht gemacht, für mehr Energie im Alltag (inkl. Nährwertangaben)

ISBN-13: 978-1791690779

https://www.amazon.de/dp/173084751X

Kontaktgrill Rezepte: Das Kochbuch mit 150 Rezepten für den Kontaktgrill! Leckere vielfältige Gerichte und alles, was Sie über den Kontaktgrill wissen müssen (inkl. Nährwertangaben)

ISBN-13: 978-1730847516

https://www.amazon.de/dp/1790589444

Heißluftfritteuse Rezepte: Das Kochbuch mit 150 Rezepten für die Heißluftfritteuse. Leckere vielfältige Gerichte für den Airfryer - Gesund kochen und frittieren ohne Öl (inkl. Nährwertangaben)

ISBN-13: 978-1790589449

https://www.amazon.de/dp/1731340168

Dutch Oven Rezepte: Das Kochbuch mit 150 Rezepten für die Outdoor Küche! Ob draußen beim Camping, am Lagerfeuer oder Zuhause. Mit dem Black Pot einfach und lecker kochen (inkl. Nährwertangaben)

ISBN-13: 978-1731340160

https://www.amazon.de/dp/1070440132

Sous Vide Kochbuch: Die 150 besten Rezepte für das schonende Garen im Vakuum. Perfektes Fleisch, Steak, vegetarische und vegane Gerichte für maximalen Geschmack und gesunde Ernährung + Nährwertangaben

ISBN-13: 978-1070440132

https://www.amazon.de/dp/1702182126/

Ketogene Ernährung Vegetarisch: Vegetarisches Kochbuch mit 150 leckeren ketogenen Rezepten für eine erfolgreiche Keto Diät. Zuckerfrei gesund abnehmen inkl. 14 Tage Ernährungsplan + Nährwertangaben

ISBN-13: 978-1702182126

Rechtliches

Impressum

Rezepte Profis wird vertreten durch:

Noma Commerce GmbH
Stresemannstraße 84
22769 Hamburg

Coverbilder:
NoirChocolate, AS Food studio, beats1, Lotus_studio, Nitr | shutterstock.com

Haftung für externe Links

Das Buch enthält Links zu externen Webseiten Dritter, auf deren Inhalt der Autor keinen Einfluss hat. Deshalb kann für die Inhalte externer Inhalte keine Gewähr übernommen werden. Für die Inhalte der verlinkten Webseiten ist der jeweilige Anbieter oder Betreiber der Webseite verantwortlich. Die verlinkten Seiten wurden zum Zeitpunkt der Verlinkung auf mögliche Rechtsverstöße überprüft. Rechtswidrige Inhalte waren zum Zeitpunkt der Verlinkung nicht erkennbar. Eine permanente inhaltliche Kontrolle der verlinkten Webseiten ist jedoch ohne konkrete Anhaltspunkte einer Rechtsverletzung nicht zumutbar. Bei Bekanntwerden von Rechtsverletzungen werden derartige Links umgehend entfernt.

Printed in Poland
by Amazon Fulfillment
Poland Sp. z o.o., Wrocław

23860189R00103